초등
아트
놀이

ⓒ Association Marcel Duchamp / ADAGP, Paris - SACK, Seoul, 2022
ⓒ René Magritte/ ADAGP, Paris - SACK, Seoul, 2022

이 책에 사용된 일부 작품 사진은 SACK를 통해 ADAGP와 저작권 계약을 맺은 것입니다.
저작권법에 의하여 한국 내에서 보호를 받는 저작물이므로 무단 전재 및 복제를 금합니다.

이 책에 사용한 사진은 박물관과 저작권자의 허가를 받거나, 픽사베이와 서터스톡, 게티이미지코리아에서
구매하여 사용하였습니다.

저작권 허가를 받지 못한 일부 작품에 대해서는 추후 저작권이 확인되는 대로 절차에 따라 계약을 맺고 그에
따른 저작권료를 지불하겠습니다.

초등 아트 놀이

펴낸날 초판 1쇄 2022년 8월 1일

지은이 김보법 양인선 정양경 김병석

펴낸이 임호준
출판 팀장 정영주
기획 박햇님
책임 편집 김은정 | **편집** 김유진 이상미
디자인 유채민 | **마케팅** 길보민 이지은
경영지원 나은혜 박석호 황혜원

인쇄 상식문화

펴낸곳 비타북스 | **발행처** (주)헬스조선 | **출판등록** 제2-4324호 2006년 1월 12일
주소 서울특별시 중구 세종대로 21길 30 | **전화** (02) 724-7633 | **팩스** (02) 722-9339
포스트 post.naver.com/vita_books | **블로그** blog.naver.com/vita_books | **인스타그램** @vitabooks_official

ⓒ 김보법 양인선 정양경 김병석, 2022

이 책은 저작권법에 따라 보호를 받는 저작물이므로 무단 전재와 무단 복제를 금지하며,
이 책 내용의 전부 또는 일부를 이용하려면 반드시 저작권자와 (주)헬스조선의 서면 동의를 받아야 합니다.
책값은 뒤표지에 있습니다. 잘못된 책은 바꾸어 드립니다.

ISBN 979-11-5846-380-9 13590

> 비타북스는 독자 여러분의 책에 대한 아이디어와 원고 투고를 기다리고 있습니다.
> 책 출간을 원하시는 분은 이메일 vbook@chosun.com으로 간단한 개요와 취지, 연락처 등을 보내주세요.

비타북스는 건강한 몸과 아름다운 삶을 생각하는 (주)헬스조선의 출판 브랜드입니다.

초등 부모를 위한
친절하고 재미있는
미술 교양 플레이북

초등 아트 놀이

비타북스

서문

아이와 함께 놀면서 배우는
즐거운 미술 시간이 되길 바랍니다

'미술'이라는 단어를 정의하기란 쉽지 않습니다. 이제야 색연필을 잡기 시작한 아기가 벽에 그리는 불규칙한 낙서부터 사진인지 구별조차 힘든 극사실화 작품까지 모두 미술의 범주에 포함됩니다. 그렇기에 학생들에게 미술을 지도하는 것도, 자녀와 함께 미술 활동을 하는 것도 항상 난해하기 마련입니다. 집필에 있어 가장 중점을 둔 부분은 그 난해함을 조금이나마 덜어보는 것이었습니다.

최근 전신을 사용하여 그림을 그리거나 물감을 마구잡이로 뿌리는 등의 미술놀이가 유행하는 듯합니다. 아이들이 미술에 대한 친근감을 느끼기에는 좋은 활동이겠지만 '미술에 대한 감각이 발달할까?' 고민할 필요가 있습니다.

지구상에서 미술을 할 수 있는 존재는 인간이 유일합니다. 인간만이 높은 수준의 의식과 자아를 가지고 있기 때문입니다. 미술 작품 속에는 한 작가의 내면이 고스란히 담겨 있습니다. 미술을 한다는 것은 다른 작가의 작품 속에 담긴 내면을 들여다본다는 것이자 나의 내면을 작품에 투영하는 것입니다. 그렇기에 작가나 작품에 대한 올바른 지식을 습득하는 것은 매우 중요합니다. 이 책에서는 아이들이 부모님과 함께 미술사에 관한 다양한 지식을 알고 나의 내면을 반영하여 작품을 만들어볼 수 있도록 안내하고 있습니다. 책 속의 활동들을 순서대로 진행하여도 좋지만, 그날 손에 잡히는 페이지의 활동을 자녀와 함께하셔도 좋습니다.

이 책을 통해 부모님과 자녀가 미술로 많은 대화가 이어지기를, 책이 끝날 때쯤 벽 한쪽이 자녀가 만든 작품들로 채워져 있길 소망합니다.

저자 대표 **김보법**

주변을 둘러보면 책이 없는 곳을 찾아보기가 어렵습니다. 다양한 책이 존재하는 공간 속에서 생활하며 지내다 보니 책이 갖는 의미를 깊이 생각하지 않고 살았습니다. 하지만 이번 집필 경험을 통해 한 권의 책에는 많은 사람의 고민과 노력이 고스란히 녹아 있다는 것을 깨닫게 되었습니다. 이제 '아빠'라는 단어를 말하기 시작한 자녀를 키우는 입장에서 몇 년 후 아이와 함께 할 수 있는 책을 쓰고 싶었습니다. 그 과정에서의 고민을 온전히 책에 담고자 노력했습니다. 분명 쉽지 않은 작업이었고 모든 팀원이 생업을 병행했기에 더욱이 뿌듯합니다. 아이와 미술로 함께하는 시간을 완성해준 팀원들에게 감사한 마음을 전합니다. 이 책이 모든 독자의 가정에도 많은 도움이 되었으면 합니다.

저자 **김병석**

설레는 마음을 가지고 처음으로 들어간 오르세 미술관은 생각지도 못한 충격을 저에게 안겨주었습니다. 이 작품이 저 작품 같고, 내가 무엇을 보기 위해 여기를 걷고 있는지 혼미해졌습니다. 그렇게 첫 오르세 방문이 끝나고 한국으로 돌아왔을 때 곰곰이 생각했습니다. '나는 왜 오르세 문턱을 넘지 못했을까?' 저는 그날 오르세 미술관에서 작품을 한 점 한 점 공부하려고 달려들었던 탓에 그리도 지치지 않았을까하는 생각이 들었습니다. 놀기 위해 떠난 여행에서 즐기지 못한 그날이 아쉬워 '놀아보자' 마음먹고 다시 오르세 미술관으로 갔습니다. 그 순간 오르세 미술관 안의 공기가 다르게 느껴졌습니다. 여기저기에 걸린 모르는 작품들을 그림책 읽듯 감상했던 시간은 아직도 잊을 수 없습니다. 오르세 미술관의 문턱이 낮아지면서 더 이상 미술은 어려운 것이 아니었습니다.

아이의 눈높이에서 고개를 돌리면 세상에는 신기한 것들이 가득합니다. 그 속에서 어떤 즐거움을 발견해낼지 궁금하네요. '이런 것이 미술'이라며 억지로 공부하기보다 손으로, 몸으로 놀며 나도 모르게 알게 되는 미술은 아이들이 살아가는 시간 속에서 재미를 가져다줄 것입니다. 처음 발을 내딛는 미술관에서 부푼 마음에 날개를 달아줄 거라 믿습니다. 책의 마지막 장을 쓰기까지 고민한 것은 딱 한 가지입니다. '어떻게 하면 미술 이야기가 아이들에게 스르륵 스며들 수 있을까?' 책을 선택해주신 독자분들도 나도 모르는 사이 미술에 흠뻑 젖을 수 있기를 바랍니다.

저자 **양인선**

어떻게 하면 아이들에게 더 친근하고 쉽게 미술사로 다가갈 수 있을까? 가정에서 부모님과 아이가 함께 할 수 있는 의미 있는 활동은 무엇일까? 고민했습니다. 많은 준비물이 필요한 미술 활동은 선뜻 시도하기 쉽지 않죠. 그래서 가정에서 큰 부담 없이 언제 어디서든 꺼내서 활용할 수 있도록 간단하지만 의미 있는 활동을 담았습니다. 단순한 일회성 활동보다는 부모님과 자녀가 활동하기 전 이야기를 나누고, 시간이 지난 후에도 아이들의 기억 속에 남아 있을 수 있는 의미 있는 활동들을 담았습니다.

학생들을 지도해보면 위인전, 역사책은 많이 읽지만 정작 미술가에 대해서는 처음 들어보고, 생소하다는 학생들이 많습니다. 그런 학생들에게 감상 수업에서 작품만 설명하지 않고 작품의 화가에 관한 이야기를 함께 해주곤 합니다. 아이들이 훨씬 더 재미있게 수업에 빠져드는 모습을 보았습니다.

평소 미술에 관심이 많기에 망설임 없이 시작한 저술이지만 많은 분량의 미술사와 미술 지식을 아이들이 이해하기 쉽게 정리하기가 쉽지만은 않았습니다. 하지만 많은 고민이 모여 만들어진 완성본을 보니 후련함과 뿌듯함으로 가득 차 그동안의 힘듦은 다 사라졌습니다. 바쁜 와중에도 퇴근 후, 주말에 틈날 때마다 모여서 함께 머리 맞대고 작업할 수 있어 행복했습니다. 이 책을 통해 아이들이 조금 더 미술에 관심을 가지고 흥미를 느낄 수 있는 기회가 되었으면 합니다.

저자 **정양경**

차례

서문 ··· 004

1부

세상에서 가장 오래된 미술 이야기
미술의 기원

① 동굴 벽화 ··· 014
  아이와 함께 ART PLAY
  물감 없이 그림 그리기 ··· 021

② 고대 건축 ··· 024
  아이와 함께 ART PLAY
  무너지지 않는 바벨탑 세우기 ··· 029

③ 아프리카 미술 ··· 032
  아이와 함께 ART PLAY
  아프리카 가면 만들기 ··· 039

④ 스테인드글라스 ··· 042
  아이와 함께 ART PLAY
  스테인드글라스 만들기 ··· 047

2부

가장 찬란하게 빛나던 시대의 미술
르네상스

① 레오나르도 다빈치 ··· 052
  아이와 함께 ART PLAY
  모나리자의 눈썹 찾아주기 ··· 058

② 최후의 만찬 ··· 062
  아이와 함께 ART PLAY
  최후의 만찬 만화 그리기 ··· 067

③ 미켈란젤로 부오나로티 ··· 070
  아이와 함께 ART PLAY
  천지창조 패러디 ··· 077

④ 카메라 오브스쿠라 ··· 080
  아이와 함께 ART PLAY
  사진처럼 그리기 ··· 085

⑤ 디에고 벨라스케스 ··· 088
  아이와 함께 ART PLAY
  추억의 장면 그리기 ··· 093

아는 만큼 보인다
같은 시기, 다른 화풍 바로크 vs 로코코 ··· 096

3부

찰나의 아름다움을 다르게 해석하다
인상주의

① 클로드 모네 ⋯ 104
  아이와 함께 ART PLAY
  시간을 도화지에 담기 ⋯ 111

② 오귀스트 르누아르 ⋯ 114
  아이와 함께 ART PLAY
  르누아르가 사랑한 모자 완성하기 ⋯ 119

③ 조르주 쇠라 ⋯ 122
  아이와 함께 ART PLAY
  점으로 그림 그리기 ⋯ 128

④ 빈센트 반 고흐 ⋯ 130
  아이와 함께 ART PLAY
  자화상 배경 그리기 ⋯ 137

⑤ 에드바르드 뭉크 ⋯ 140
  아이와 함께 ART PLAY
  나의 감정을 그림으로 ⋯ 146

4부

근대 미술의 꽃이 피다
사실주의·낭만주의

① 밀레 ⋯ 150
  아이와 함께 ART PLAY
  게티 뮤지엄 챌린지 ⋯ 157

② 외젠 들라크루아 ⋯ 160
  아이와 함께 ART PLAY
  민중을 이끄는 나 만들기 ⋯ 166

③ 존 컨스터블 ⋯ 168
  아이와 함께 ART PLAY
  낭만주의 풍경화 그리기 ⋯ 173

5부
새로운 미술이 시작되다
현대 미술

① 구스타프 클림트 … 178
  아이와 함께 ART PLAY
  황금빛 화가의 색채 따라 하기 … 186

② 앙리 마티스 188
  아이와 함께 ART PLAY
  색종이 조각으로 만난 새로운 세계 … 193

③ 피에트 몬드리안 … 196
  아이와 함께 ART PLAY
  네모와 빨강, 파랑, 노랑으로 그린 세계 … 202

④ 마르셀 뒤샹 … 204
  아이와 함께 ART PLAY
  나만의 레디메이드 … 208

⑤ 르네 마그리트 … 210
  아이와 함께 ART PLAY
  내 물건이 낯선 장소에 … 215

⑥ 옵티컬 아트 … 218
  아이와 함께 ART PLAY
  옵아트 만들기 … 223

아는 만큼 보인다
세계의 미술관 … 226

6부
우리 미술의 조각을 모으다
한국 미술

① 김홍도 … 234
  아이와 함께 ART PLAY
  풍속화로 이야기 만들기 … 240

② 문자도 … 242
  아이와 함께 ART PLAY
  마음을 담은 문자도 그리기 … 247

③ 곤룡포 … 250
  아이와 함께 ART PLAY
  나만의 곤룡포 만들기 … 254

④ 조선 시대 모자 … 256
  아이와 함께 ART PLAY
  익선관 만들기 … 262

⑤ 청자와 백자 … 266
  아이와 함께 ART PLAY
  그림으로 도자기 완성하기 … 271

⑥ 민화 … 274
  아이와 함께 ART PLAY
  같은 듯 다른 민화 그리기 … 280

⑦ 조각보 … 282
  아이와 함께 ART PLAY
  색을 품은 조각보 그리기 … 286

⑧ 등불 … 288
  아이와 함께 ART PLAY
  반짝반짝 등불 만들기 … 293

⑨ 한국의 석탑 … 296
  아이와 함께 ART PLAY
  소망을 담아 탑 그리기 … 301

아는 만큼 보인다
왕의 초상, 어진 … 304

아이와 함께 ART PLAY 부록 … 308

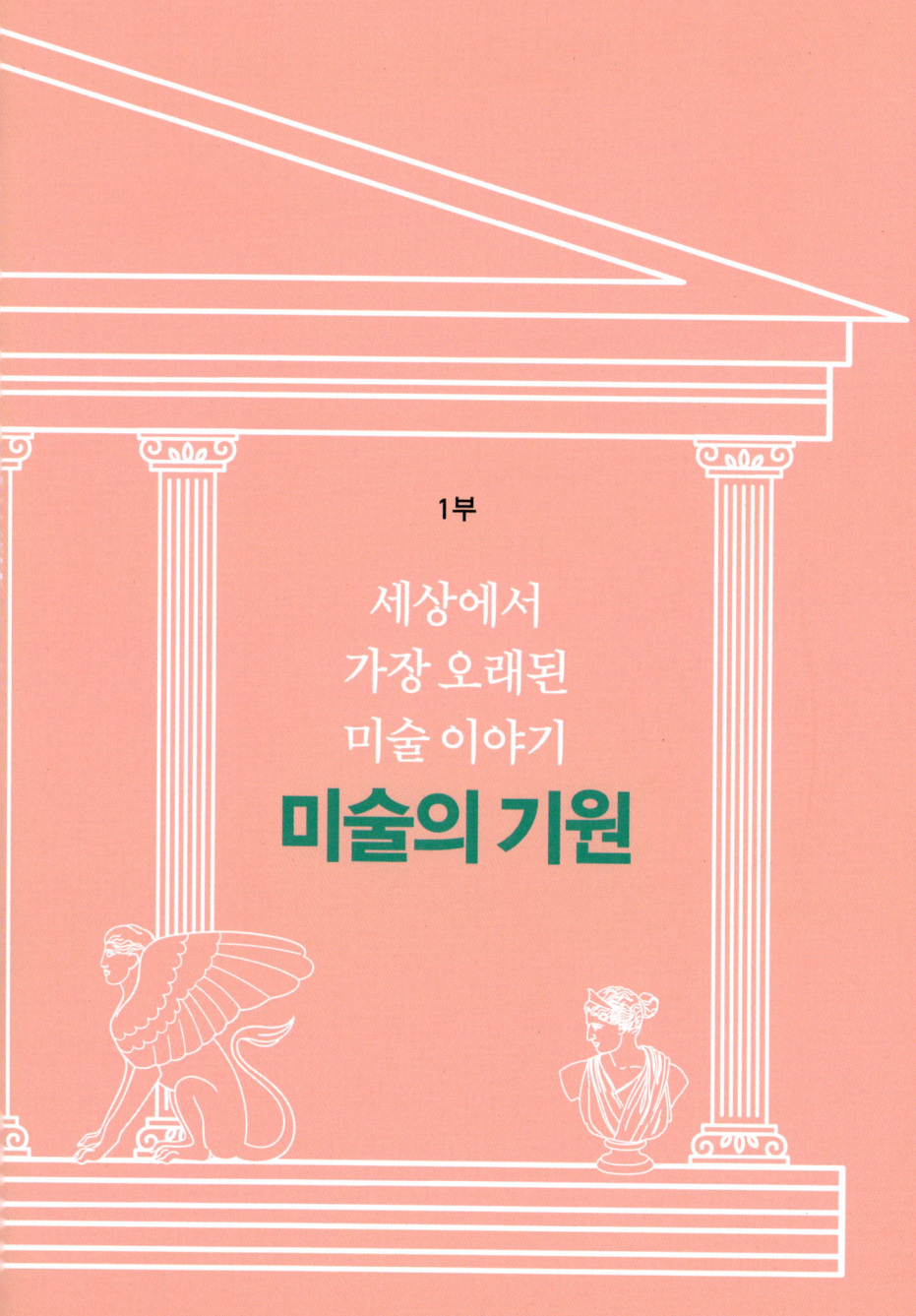

1부

세상에서
가장 오래된
미술 이야기
미술의 기원

Playground 1

동굴 벽화

Q. 도화지도 없고, 물감도 없던 아주 먼 옛날에는 어떻게 그림을 그렸을까요?

1879년, 스페인에 살던 고고학자 사우투올라는 8살 딸과 함께 알타미라 동굴을 탐사하다가 천장에 그려진 그림을 발견합니다. 그녀가 딸과 함께 발견한 그림은 세상에서 가장 오래된 구석기 시대 작품이었죠.

〈알타미라 동굴 벽화〉(Cave of Altamira and Paleolithic Cave Art of Northern Spain), 기원전 15,000~10,000년경, 동굴 벽화, 스페인 알타미라 동굴

아주 먼 옛날 사람들은 깊은 동굴에 살면서, 해가 밝으면 그날의 끼니를 해결하기 위해 드넓은 자연으로 나가 동물을 사냥해야 했습니다. 동물이 쉽게 잡히는 날도 있었지만, 자연은 그리 만만한 친구가 아니었지요. 대부분의 동물은 사람보다 빨라서 사냥이 쉽지 않았습니다. 또 덩치가 큰 동물을 사냥할 때는 몸을 다치거나 목숨을 잃는 위험도 감수해야 했지요. 목숨을 걸고 먹을거리를 구하러 다니던 그들의 가장 큰 관심사는 아마도 눈앞에서 돌아다니는 동물들, 바로 식량이었을 것입니다. 그들은 늘 생활하던 동굴 벽에, 사냥하려는 동물을 그리거나 사냥하다가 다칠 뻔한 기억을 남기기도 했습니다. 그러면서 다음날부터는 안전하게 많은 동물을 잡아, 평화롭게 생활할 것을 기대했던 것 같습니다. 도화지와 물감은 물론 붓도 없던 시절에 그들은 어떻게 벽에 그림을 남겼을까요? 그들이 남긴 벽화 속에서 그 답을 찾아볼 수 있을 것입니다.

알타미라 동굴에서 구석기 시대 벽화를 발견한 사우투올라는 큰 명성을 얻는 대신 다른 고고학자들로부터 사기죄로 고소를 당하게 됩니다. 알타미라 동굴 벽화의 생동감 있는 표현과 명암, 그리고 선명한 색감이 절대 구석기 작품일 리 없다는 주장이었죠. 사우투올라는 어떠한 공로도 인정받지 못한 채 세상을 떠났고, 20년이 지난 1902년이 되어서야 결국 알타미라 동굴 벽화가 후기 구석기 시대 작품으로 인정받게 됩니다. 고대 유물의 연대를 추정하는 기술이 발달하며 '탄소 동위 원소법'이라는 과학적 측정 방법이 생겨난 덕분이었죠. 사우투올라를 비판하던 학자들은 직접 알타미라 동굴을 찾아가 주장을 철회하기도 했습니다.

〈베제르 계곡의 라스코 동굴 벽화〉(Prehistoric Sites and Decorated Caves of the Vézère Valley), 기원전 15,000~10,000년경, 동굴 벽화, 프랑스 라스코 동굴

1940년에는 또 다른 동굴 벽화가 세상 빛을 보게 됩니다. 프랑스 서남부 도르도뉴 지방에서 네 명의 청년들이 동굴을 탐험하다가 선명한 색상에 생동감 넘치는 동물 그림을 발견한 것이지요. 이들은 즉시 동굴 벽화의 권위자를 찾았고, 그가 현장을 답사해서 이 작품이 약 1만 5천 년 전 구석기 시대 유산임을 발표합니다. 동굴 벽의 튀어나온 부분에 동물 생김새를 표현한 방법이 매우 참신하다고 평가되었으며, 그림 수와 동굴 규모 면에서도 역대 최고라 알려진 라스코 동굴 벽화였지요. 라스코 동굴은 금세 사람들 발길이 끊이지 않는 명소가 되었습니다.

많은 사람들이 찾는 관광지가 되어버린 라스코 동굴은 이후 벽화에 이끼

〈라스코 2〉(Lascaux 2), 프랑스 베제르 계곡

〈쇼베-퐁다르크 동굴 벽화〉(Chauvet-Pont-d'Arc Cave), 기원전 30,000~35,000년경, 동굴 벽화, 프랑스 쇼베-퐁다르크 동굴

가 자라고 부식 현상이 생기는 등 많은 문제가 나타났습니다. 프랑스 당국에서는 벽화 보존을 위해 폐쇄 결정을 내립니다. 대신 가까운 곳에 인공동굴인 '라스코 2'를 조성해 관광 장소로 사용하였습니다. 지금은 국제 순회 전시용 동굴 '라스코 3'에 이은 '라스코 4'를 만들어 더욱 정교한 기술력으로 복제된 동굴 벽화를 선보이고 있답니다.

재미있는 사실은 현존하는 가장 오래된 동굴 벽화는 오히려 가장 늦은 1994년에 발견되었다는 거예요. 프랑스의 론알프 주 지방 공무원이 바위 구멍처럼 생긴 동굴과 벽화를 찾아냈고, 그의 이름을 따서 쇼베-퐁다르크 동굴이라 이름 지었어요. 이 동굴은 약 3만~3만 5천 년 정도 이전의 것으로 짐작되고 있습니다. 쇼베-퐁다르크 동굴 벽화는 알타미라, 라스코보다 2만 년 정도 더 앞선 그림인데도 정교함에서 부족할 게 없는 벽화입니다.

시대상으로 가장 앞선 쇼베-퐁다르크 동굴 벽화 그리고 알타미라 동굴 벽화, 라스코 동굴 벽화 이 세 벽화는 모두 구석기 시대 작품으로 자연에서 얻은 재료로 그림을 그린 것과 동물을 대상으로 했다는 것이 공통점입니다. 학자들은 당대 인류가 이 그림으로 풍요를 빌었던 게 아닐까 짐작하곤 합니다. 선사 시대에 탄생한 인류 최초의 미술은 예술 표현이라는 이유보다는 종교적 의식, 식량 확보를 위한 기록, 사냥 연습을 위한 용도로 시작됐을 가능성이 크다는 것이죠. 그야말로 실용적인 그림이 아닐 수 없습니다.

아이와 함께 ART PLAY

물감 없이 그림 그리기

그림을 그리려면 어떤 도구가 필요할까요? 우리에게는 크레파스도 있고, 물감도 있지만 옛날 옛적 동굴에 살던 사람들에게는 크레파스도 색연필도 없었는데 어떻게 그림을 그렸을까요? 특별한 도구가 없어서 날카로운 돌이나 색깔이 있는 흙으로 동굴 벽에 그림을 그렸어요. 잔디밭에서 노느라 양말에 초록색 물이 들었던 기억이 있나요? 우리도 크레파스와 물감, 색연필이 없던 시대로 돌아가서 주변의 재료를 사용해 그림을 한번 그려볼까요?

생각해봐요

우리 집에는 어떤 색깔 재료들이 숨어 있을까요?

선사 시대 벽화처럼 다양한 동물을 그려보아요. 어떤 동물을 어떤 색으로 그리면 좋을지 아이와 함께 생각해봐요. 가장 좋아하는 동물을 골라도 좋고 그리기 쉬운 동물로 정해도 된답니다. 물감이 아닌 것들 중에 색이 나는 것들은 무엇이 있을까요? 냉장고 안에는 의외로 많은 색깔 재료가 숨어 있어요. 빨간 토마토케첩, 노란 머스터드, 갈색 커피, 알록달록 과일 등도 좋은 물감이 된답니다.

〈커피로 그린 우주선〉

〈커피로 그린 바닷속〉

준비물

도화지, 붓, 집안 곳곳에서 수집한 색깔 자료(커피, 토마토케첩 등)

놀이 방법

1. 내가 가장 좋아하는 동물 또는 물건을 떠올린다.
2. 떠올린 주제를 표현하는 데 필요한 색깔 재료를 집안 곳곳에서 수집한다.
3. 수집한 재료로 주제를 표현한다.

TIP

- 완성된 작품은 벽에 걸기 전에 최대한 바짝 말려주세요. 또한 과일을 으깨거나 짓눌러서 사용했다면 벌레가 생길 수 있으니 주의하세요.

질문해봐요

Q. 집 밖에서 재료를 찾아 그림을 그린다면 어떤 것들을 사용할 수 있을까?

A. 흙탕물, 빨간 단풍잎, 새똥, 나무 열매 등.

📖 초등 교과 연계 가이드

- 미술3~4 : 자연 속 재료로 표현하기
- 사회3~4 : 옛사람들의 생활 모습

고대 건축

Q. 하늘 가까이 쌓아서 어떤 소원을 빌고 싶었을까요?

건물을 짓는 특별한 기술이 없던 아주 오래전에도 사람들은 높디높은 건물을 지었어요. 기중기나 타워크레인 같은 기계도 없이 말이죠.

〈피라미드〉(Khufu's Pyramid), 기원전 2,600~2,300년경, 석회암 벽돌을 이용한 쿠푸 왕조의 피라미드 무덤, 이집트 기자

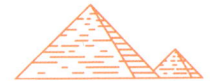

　현재까지 남아 있는 고대 건축물의 대부분은 유독 엄청난 크기의 것들이 많습니다. 옛날 사람들은 왜 이렇게 크고 높은 건물을 지었을까요? 건축물의 쓰임새로 짐작해보면 대부분은 종교적인 의미를 담고 있어요. 신에게 제사를 지내거나, 하늘 높이 소원을 전하려는 의식을 행하던 곳이었죠. 문명이 시작되기 전까지 신은 인간에게 절대적인 존재였습니다. 먹을 것을 해결해주고 삶과 죽음의 문제를 결정짓는 그 존재를 받아들이는 방식은 문명마다 달랐지만, 거대한 신전이나 건축물을 보면 그들 마음에 존재하는 신의 영향력이 얼마나 대단한지 충분히 느낄 수 있답니다.

　메소포타미아 문명은 '지구라트'라는 거대한 제단을 남겼어요. 진흙과 벽돌로 만들었기에 보존 상태는 그리 좋지 않으나 고고학자들은 남아 있는 제단의 터와 기록을 보며 지구라트가 엄청난 규모라는 사실을 알아냈죠.
　그리스 문명에서 가장 유명한 건축으로 파르테논 신전을 빼놓을 수 없답

〈파르테논 신전〉(Parthenon), 기원전 450년경, 익티노스 설계, 그리스 아테네

〈지구라트 우르〉(Ziggurat Ur), 기원전 3,000~2,000년경, 이라크 나시리야

니다. 이곳은 전쟁의 승리를 기원하고 도시 수호신인 '아테나이 파르테노스'를 기리는 신전입니다. 하지만 수많은 전쟁으로 대부분 파괴되어 지금은 10미터 높이의 건물 기둥들과 바닥 2,100제곱미터만 남아 그리스 문명을 증명하고 있답니다.

이집트에 가면 세계에서 가장 유명한 무덤이 있어요. 고대 이집트 왕인 파라오의 무덤인 피라미드예요. 이집트 사람들은 죽으면 또 다른 세계로 간다고 믿었어요. 그래서 왕이 죽은 뒤에 사용할 물건들과 하인들까지 전부 피라미드 안에 넣으려고 했지요. 그래서 피라미드는 크기가 어마어마해요. 약 146미터로 아파트 48층에 달하는 높이지요. 하지만 피라미드를 이루는 벽돌과 벽돌 사이는 칼날도 들어가지 않을 정도로 빈틈이 없어요. 이집트 문명의 놀라운 능력에 감탄할 뿐이랍니다. 이집트에서 가장 큰 피라미드는 쿠푸 왕조의 것으로 완공까지 25년이나 걸렸습니다. 당시 이집트 사람들의 평균 수명이 35년이었던 것을 보면 한평생이 담긴 건축물인 셈이죠.

아이와 함께 ART PLAY

무너지지 않는 바벨탑 세우기

옛날 사람들은 신이 하늘 꼭대기에 있다고 믿었어요. 하늘 높이 있는 신이 비도 내려주고 전쟁에서도 승리할 수 있게 도와준다고 생각했지요. 그래서 늘 하늘에 고마운 마음을 전하고 싶었어요. 때로는 간절히 바라는 소망을 전하려고도 했지요. 피라미드뿐만 아니라 그리스의 신전들, 세계의 미스터리라 불리는 수많은 탑 모두 당시 살던 사람들의 간절한 마음만큼이나 크고 높답니다. 지금처럼 큰 기계도 없이 사람들이 손으로 돌을 쌓아 올렸지만 몇 천 년이 지난 지금도 튼튼하게 서 있다니, 놀랍지 않나요? 과연 사람들은 어떻게 그 큰 건물들을 완성했을까요? 우리도 높은 탑을 쌓아 소원을 빌어볼까요?

생각해봐요

높은 탑을 튼튼하게 쌓으려면 어떻게 해야 할까요?

나의 소원이 하늘에 닿으려면 어떤 탑을 만들어야 할까요? 우선 소중한 소원이 담긴 탑이 무너지지 않도록 튼튼하게 쌓아야겠죠. 옛날 사람들도 '우리 마음이 어떻게 하면 하늘에 닿을 수 있을까?' 고민하며 높고 큰 건물을 짓기 시작했답니다. 고대 건축 사진을 살펴보며 방법을 떠올려보세요.

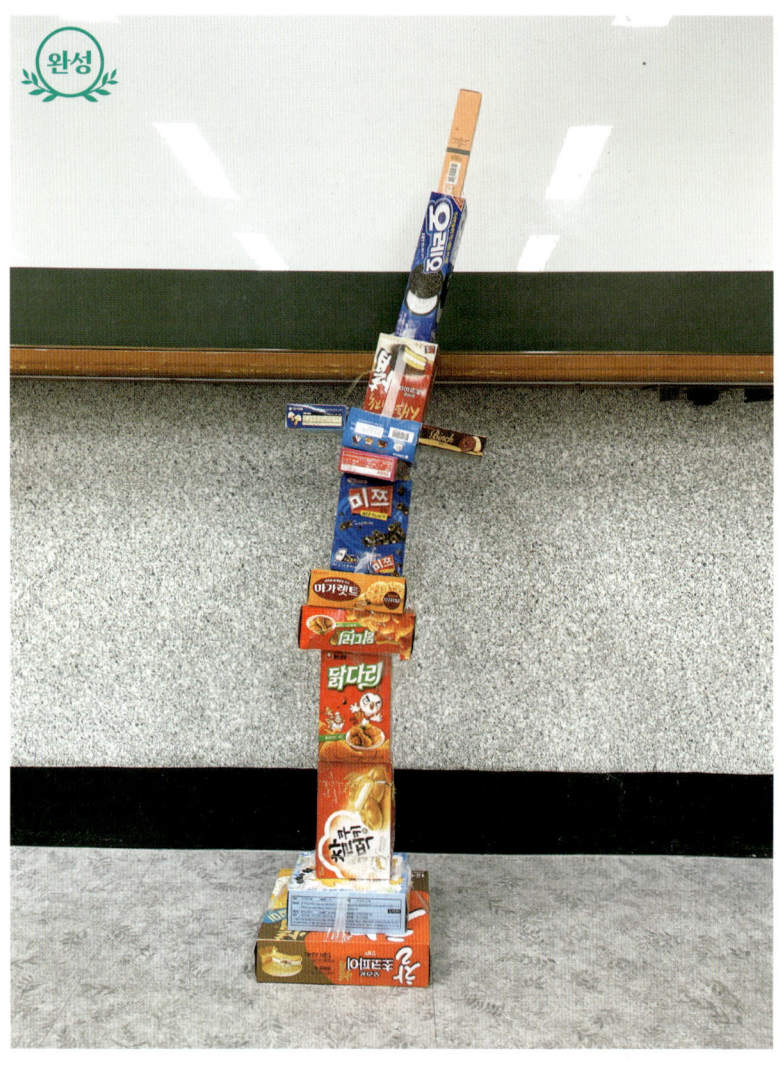

준비물

쌓을 수 있는 다양한 소품 또는 장난감 블록

놀이 방법

1 다양한 크기의 쌓을 재료를 준비한다.
2 높게 쌓아도 쓰러지지 않을 방법을 생각한다.
3 생각한 방법으로 블록을 쌓아 탑을 만든다.

TIP

- 탑을 쌓을 때는 아래는 가장 넓게, 위로 갈수록 점점 좁아지게 쌓아야 안전해요. 아래쪽이 좁아지는 경우나 블록의 무게가 한쪽으로 쏠리는 경우에는 쉽게 무너진답니다.
- 재료 사이사이에 빈틈이 생기지 않게 꼼꼼하게 쌓아주세요. 경우에 따라 테이프 또는 풀과 같은 접착제를 활용해 고정하는 것도 방법입니다.
- 우유갑이나 요구르트병 등을 재활용할 때는 색종이 또는 스티커 등으로 꾸미는 과정을 추가해도 좋아요.

질문해봐요

Q. 탑이 자꾸 무너진다면 어떤 부분을 고쳐야 할까?

Q. 어떤 소원을 적었니? 왜 이 소원을 적었어?

Q. 나는 어떤 건물을 지을 수 있을까?

📖 초등 교과 연계 가이드

- 미술3~4 : 일상 재료로 만들기
- 수학1~2 : 입체도형 만들기

아프리카 미술

Q. 피카소가 완벽하게 훔친 아프리카 작품을 아시나요?

미술에 관심 없는 사람들도 '피카소'라는 이름의 화가는 모두 알 거예요. 그만큼 유명한 피카소에게 지대한 영향을 준 미술이 있는데, 바로 원시 아프리카 미술이랍니다.

스페인 북부 항구도시 게르니카 주택가에 원작과 같은 크기로 구현된 벽화이다. 피카소의 〈게르니카〉 원작은 스페인 레이나소피아 국립미술관에 있다. ©Almudena Sanz 픽사베이

아프리카에는 약 900개 정도의 서로 다른 문화가 존재하는데, 그들이 꽃 피운 다양하고 수준 높은 예술 세계는 19세기 말부터 현재에 이르기까지 꾸준히 서양 미술 발전에 영향을 미치고 있답니다. 특히 19세기에 활동한 유명 화가들은 기존의 회화 방식을 거부하며, 기존에 볼 수 없었던 원시 아프리카 미술의 생동감과 신선함에 깊은 영감을 받아 새로운 미술 방식을 창조하기도 했습니다.

그중 하나가 피카소로부터 시작된 큐비즘(입체파)이라는 미술 형식입니다. 피카소의 큐비즘이 반영된 대표적인 그림 작품으로는 〈아비뇽의 아가씨들〉, 〈칸바일러의 초상〉, 〈게르니카〉 등이 있지요. 이 그림들에서는 아프리카 조각과 가면에서 나타나는 왜곡과 절단된 느낌이 드러나고 있습니다. 피카소의 〈아비뇽의 아가씨들〉을 본 사람들이 그에게 아프리카 조각과 똑같지 않으냐고 질문한 적도 있다고 합니다. 그때 피카소는 "나쁜 화가는 베끼지만, 대단한 화가는 완벽하게 훔친다."라고 답했을 정도로 아프리카

〈두 명의 타히티 여인이 있는 풍경〉(Two Tahitian Women in a Landscape), 1887~1897년경, 폴 고갱, 종이에 수채, 미국 시카고 미술관

미술에서 받은 영향을 스스로 인정하고 있지요. 피카소가 남긴 조각 작품 1,200여 점도 역시 대부분 아프리카 목조 조각을 모티브로 했다고 합니다.

프랑스 후기 인상파 작가로 유명한 폴 고갱은 산업혁명과 문명을 거부하고 떠난 남태평양 타이티섬에서 예술 활동을 이어 갑니다. 아프리카 미술의 순수함에 푹 빠져 2년간 파페에테, 마타이에아 등으로 옮겨가며 원시적인 삶을 만끽합니다. 고갱 작품의 특징인 화려하고 강렬한 색채, 날 것의 분위기는 바로 이 시기 아프리카 미술의 영향을 받은 것이죠.

야수파를 대표하는 화가 앙리 마티스, 앙드레 드랭, 모리스 드 블라맹크 또한 아프리카 미술의 영향을 짙게 받았습니다. 그들은 특히 아프리카 가면에 영감을 받아 야수파를 탄생시키게 됩니다. 야수파 작가들은 대체로 색채에 대한 고정관념을 버리고 강렬한 색을 칠하면서 해방감을 느꼈습니다. 사실주의에 가까운 회화법에 따분함을 느꼈던 화가들 대다수가 아프리카 미술에서 청량감을 느꼈던 것 같습니다. 콜럼버스가 신대륙을 발견했을 때 느낀 놀라움이 이와 같았을까요? 우리가 서양으로 여행을 갔을 때 그곳 문화가 신기하고 새롭게 느껴지는 것과 마찬가지겠지요. 고유의 미술 문화가 지루해, 새로운 표현법을 고민하던 유럽 사람들에게 아프리카 미술은 한 줄기 빛과 같았습니다. 강렬한 색채와 원시 문화 특유의 문양이 도드라진 조각이나 장신구, 가면은 앙리 마티스, 파블로 피카소 같은 유명한 화가들에게 특히 더 강한 영감을 주었습니다. 그래서 그들은 보이는 대로 그리지 않고 그림을 다양한 면으로 잘라서 서로 겹치도록 그리게 됐지요.

〈석고상이 있는 정물〉(Nature Morte à la Statuette), 1906년, 앙리 마티스, 캔버스에 유채, 미국 예일대학교 미술관

원시 아프리카 미술은 현대 미술 작가들에게도 끊임없이 영감을 주고 있습니다. 그라피티 아트를 보면 아주 잘 드러나죠. 벽과 같은 넓은 지면에 낙서하듯 페인팅한 그림이 어느덧 예술로 인정받는 시대인데요, 이 기원을 앞에서 설명했던 고대 동굴 벽화에서도 찾을 수 있지 않을까요? 대표적인 화가로는 장 미셸 바스키아, 키스 해링, 뱅크시 등이 있어요. 그중 키스 해링은 아프리카 미술과 부족민 문화, 그들의 몸에 새긴 문신을 표현하는 듯한 작품도 다수 남겼습니다. 강렬한 색채와 단순한 표현이 매혹적이니 전시회를 볼 기회가 생긴다면 꼭 가보길 추천합니다.

ⓒGuy Leroux 픽사베이

아이와 함께 ART PLAY
아프리카 가면 만들기

아프리카는 유럽 아래 위치한 큰 대륙입니다. 그 넓은 곳에는 수천 개의 부족이 있고, 900개가 넘는 다양한 문화가 있지요. 유럽과 아프리카는 서로 가깝다보니 오랜 시간 무역 교류가 많았어요. 그래서 유럽 사람들은 독특하고 개성이 강한 아프리카 문화를 일찍이 접할 수 있었답니다. 그림을 눈에 보이는 것과 똑같이 그리려 했던 유럽 사람들에게 아프리카 미술은 지금껏 보지 못한 특이하고 강렬한 예술이었어요.

관찰해봐요

어떤 색으로 나를 표현해볼까요?

아프리카 가면은 일부러 사실과 다르게 표현했어요. 길쭉하게 늘어진 몸통과 울퉁불퉁 일그러진 얼굴이 가면 뒤에 있는 사람을 숨겨주고 강한 모습을 상대에게 보여줄 수 있다고 믿었지요. 부족민들은 언제나 거대한 자연, 강력한 신, 무시무시한 맹수와 마주해야 했으니 가면을 쓰고 인간이란 정체를 숨겨야 했답니다. 이런 가면을 그저 옛날 사람들이 재미로 사용했던 물건 정도로 생각할 수도 있겠죠. 하지만 오랜 세월이 지나도록 많은 예술가가 아프리카 가면을 통해 자신들의 새로운 작품을 탄생시키는 것을 보니 놀랍지 않나요? 우리도 한번 아프리카 가면을 자세히 살펴보고, 더불어 나만의 개성이 담긴 작품까지 만들어보면 어떨까요?

준비물

가면 도안1·2(309~311쪽), 채색 도구, 색종이

놀이 방법

1 가면 도안을 준비한다.
2 다양한 아프리카 가면 그림을 관찰한다.
3 색연필, 물감, 크레파스 등 원하는 채색 도구를 사용해 가면 도안을 꾸민다.

TIP

- 가면에 색종이, 잡지, 스티커 등의 재료를 뜯어 붙여서 꾸밀 수도 있어요. 반짝이는 매니큐어를 활용해 꾸며도 좋아요. 쓰지 않는 장신구가 있다면 입체적인 모양도 연출해 보세요.

질문해봐요

Q. 가면은 왜 만들어졌을까?

📖 초등 교과 연계 가이드

- 즐거운 생활 : 다른 나라의 문화 즐기기
- 미술5~6 : 다양한 표현 재료와 방법

Playground 4

스테인드글라스

Q. 천년이 지나도 변하지 않는 유리 도화지는 어디에 있을까요?

성당에 가면 알록달록한 그림이 그려진 아름다운 창문을 볼 수 있어요. 천년 세월 앞에서도 색이 바래지지 않는 스테인드글라스 장식이에요.

그림을 그릴 때 사용하는 물감의 경우, 아무리 잘 보존해도 직사광선과 공기에 의해 시간이 지날수록 색이 변하기 마련이에요. 미술관에서 카메라 플래시를 터트릴 수 없는 이유도 플래시의 강렬한 빛이 그림 고유의 색감을 변하게 해서지요. 반면 스테인드글라스는 유리에 쇠와 구리를 섞어 만들기 때문에 오랜 세월 앞에서도 꿋꿋이 같은 형태를 유지하죠. 또한 빛을 굴절시켜 아름다운 색감을 표현하기까지 한답니다. 덕분에 우리는 수 세기 전에 지은 성당의 창이나 천장에 있는 스테인드글라스 장식을 변함없는 색으로 감상할 수 있습니다.

　스테인드글라스는 유리에 색을 입혀 서로 이어서 만드는 장식물이에요. 요즘은 창문이 아니더라도 스테인드글라스 기법으로 그릇, 조명, 장식품을 주로 만들지요. 스테인드글라스에 사용되는 유리는 두 가지 방법으로 만들 수 있어요. 유리 겉면에 색을 칠한 뒤 600℃ 이상으로 구워 만드는 방법, 다른 하나는 유리 자체에 물감을 섞어 색유리로 만드는 방법이에요. 초기에

는 겉면에 색을 칠하는 방식을 주로 사용해서 얼룩이 지거나 번지는 경우가 종종 있었습니다. '얼룩졌다'는 의미의 '스테인드Stained'라 불린 이유도 이 때문이지요. 하지만 기술이 발전하면서 두 가지 방법 모두 안정성을 갖추게 되었고, 지금은 두 가지 방법을 혼합해서 스테인드글라스를 만든다고 합니다.

사진 속 스테인드글라스가 바로 두 방법을 혼합해서 만든 작품이에요. 가운데에 있는 새와 나뭇가지, 푸른 원은 유리 겉면에 채색하는 방식으로, 나머지 가장자리를 이루는 노란색, 하늘색, 연보라색 배경은 색유리를 재단해 만들었죠. 스테인드글라스는 스케치하기 → 유리 조각 만들기 → 조각 이어 붙이기 과정으로 만들어집니다. 놀라운 건 이 과정이 모두 손으로 이뤄진다는 거예요. 거의 모든 것들이 기계화된 요즘에는 정말 보기 드문, 정성이 가득 들어가는 작업입니다.

스테인드글라스 만들기

'얼룩진 유리'라는 뜻의 스테인드글라스는 햇빛을 받으면 마치 다른 세계에 들어온 듯 신비로운 분위기를 만들어줍니다. 그래서 교회나 성당처럼 신을 모시는 장소에서 많이 사용하는 장식이 되었죠. 요즘은 일반 건축물에서도 장식용으로 흔히 사용하고 있어요.

생각해봐요

간편하게 스테인드글라스를 연출해볼까요?

우리도 스테인드글라스 작품을 만들 수 있어요! 실제로는 유리를 잘라서 만들어야 하지만 손을 다칠 수 있으니 색종이 또는 셀로판지를 사용해볼 거예요. 색감을 잘 선택하여 나만의 신비로운 분위기를 연출해봐요.

준비물

스테인드글라스 도안1·2(313~315쪽), 색종이, 가위, 칼, 풀

놀이 방법

1 스테인드글라스 도안을 준비한다.
2 도안 검은 선 안쪽을 모두 자른다.
3 자른 도안 아래에 색종이를 대고 연필로 도안의 모양을 따라 그린다.
4 도안의 뒷면에 모양 맞춰 자른 색종이를 붙인다.

TIP

- 색종이는 도안의 빈칸보다 2㎜ 정도 더 크게 자르는 게 붙이기 편해요.

질문해봐요

Q. 색종이 말고 또 어떤 재료로 스테인드글라스와 비슷한 모양을 낼 수 있을까?
A. 셀로판지, 한지, 유산지

📖 **초등 교과 연계 가이드**

- 즐거운 생활 : 교실 꾸미기
- 미술5~6 : 아름다운 건축물

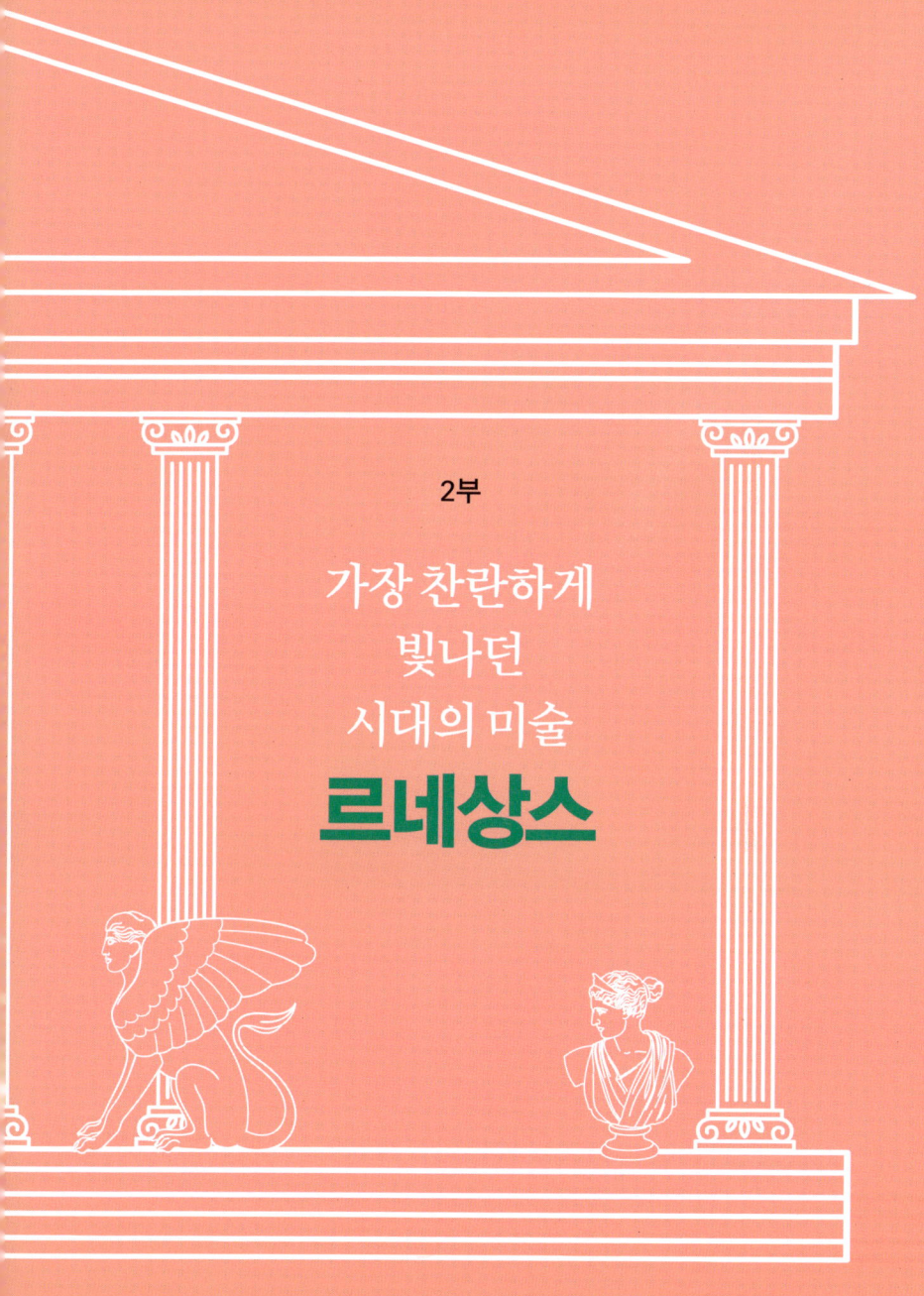

2부

가장 찬란하게 빛나던 시대의 미술
르네상스

Playground 1

레오나르도 다빈치

Q. 지구상에서 가장 유명한 그림은 무엇일까요?

1911년 8월 22일, 프랑스 루브르 박물관에서 그림 한 편이 감쪽같이 사라집니다. 어찌나 관심을 못 받았던지, 박물관에서는 꼬박 하루가 지나서야 그림이 사라진 사실을 알았을 정도였지요.

누구도 신경 쓰지 않던 그림이 사라진 뒤, 뉴스에서 앞다투어 그림 도난 사건을 보도했고 사람들은 그림이 사라진 빈자리라도 보겠다며 박물관으로 몰려들었어요. 마치 영화 속 이야기 같다고요? 이 사건의 실제 주인공은 바로 프랑스를 대표하는 명화이자 세계에서 가장 유명한 〈모나리자〉랍니다. 레오나르도 다빈치의 역작이지요. 모나리자의 '모나'는 부인을 높여 부를 때 이름 앞에 붙는 이탈리아어예요. 그러니 초상화 속 모델 이름이 '리자'인 셈이죠. 그림 제목을 우리말로 옮기면 '리자 여사' 정도 되겠네요.

　〈모나리자〉는 2년이 지난 후 이탈리아 피렌체에서 발견됩니다. 누군가 피렌체의 한 미술상에게 "모나리자를 10만 달러(약 1억 2천만 원)에 팔겠다."라는 편지를 썼고, 미술상이 이를 신고하며 덜미가 잡힌 거예요. 등잔 밑이 어둡다는 말처럼 범인은 가까이에 있었습니다. 범인은 바로 당시 그림에 안전유리를 설치하던 기술자였습니다. 그는 박물관에 걸려 있던 〈모나리자〉를 벽에서 떼어내 태연하게 코트 속에 숨겨 나왔었지요. 경찰에 붙

ⒸFoundry Co 픽사베이

잡힌 그는 "이탈리아 문화재를 약탈한 나폴레옹에게 복수하고 싶었다. 모나리자를 고향으로 돌려보내고 싶었다."라며 항변했습니다. 물론 이 말은 사실이 아니었지만, 이탈리아 사람들은 열광했지요. 그림이 프랑스 박물관으로 돌아온 후에도 마치 아이돌그룹의 월드투어처럼 이탈리아 피렌체, 로마, 밀라노로 순회 전시가 열리며 최고의 그림으로 대우받게 되었습니다.

하루가 멀다 하고 수백 명의 관람객에게 뜻 모를 미소를 보여주고 있는 〈모나리자〉. 세계 각국의 사람들이 그 미소를 보기 위해 파리로 향합니다. 그래서인지 그림 앞은 늘 사람들로 북적이지요. 레오나르도 다빈치는 1503년경 누군가에게 초상화 의뢰를 받아 모나리자를 그리기 시작했습니

〈모나리자〉(Mona Lisa), 1503~1506년, 레오나르도 다빈치, 패널에 유채, 프랑스 루브르 박물관

다. 4년간 작업에 매달렸지만, 그림을 완성하지 못한 채 프랑스로 가게 됐어요. 당시 프랑스 국왕인 프랑수아 1세가 다빈치를 초청했기 때문이죠. 다빈치는 〈모나리자〉를 1517년경에 완성했지만, 의뢰인에게 전하지는 못했습니다. 대신 국왕 프랑수아 1세가 매입해 왕실 소유가 되었죠. 파리 루브르박물관에 전시되기 시작한 건 1797년이었습니다. 다빈치는 주인에게 돌아가지 못한 이 그림에 어떤 기록도 남기지 않았다고 합니다. 그래서 지금까지도 모나리자의 정체와 그림을 의뢰한 사람에 대해 다양한 추측만 이어 가고 있습니다.

그림 속 리자 여사의 눈썹에도 많이들 주목합니다. 모델의 눈썹을 찾아볼 수 없기 때문인데요. 사람들은 "당시 눈썹을 뽑는 것이 유행이었다.", "눈썹을 그리지 못한 미완성 작품이다.", "그림을 복원할 때 눈썹이 지워진 것이다."라며 추측이 난무했습니다. 가장 신뢰도가 높은 것은 복원 중 눈썹이 지워졌다는 주장입니다. 눈썹을 그리는 데 사용한 물감이 다른 물감에 비해 보존력이 부족해 500여 년 세월 동안 흐려진 데다, 복원을 위해 사용한 보존제가 오히려 남은 눈썹 물감마저 녹였다는 것이죠. 엑스레이 촬영, 스펙트럼 분석 등 첨단 장비로 오래된 그림을 연구할 수 있게 되면서 이런 추측도 가능해졌어요.

모나리자의 눈썹 찾아주기

모나리자 얼굴에 눈썹이 있었다면 어떤 모양이었을까요? 바로 상상이 가나요? 머릿속으로만 떠올려서는 잘 모르겠어요. 그럼 우리가 다빈치가 되었다고 상상하며 모나리자의 눈썹을 그려주면 어떨까요? 그림 속 모나리자의 원래 눈썹을 되찾아주기로 해요! 아니 더 멋진 눈썹을 그려주면 좋겠네요.

> 관찰해봐요

우리 주변 사람들의 눈썹은 어떤 모양일까요?

모나리자의 눈썹을 그리기 전에 우선 눈썹이 표정에 따라 어떻게 변하는지 살펴볼까요? 거울을 들여다보며 다양한 표정을 지어보세요. 찡그릴 때 눈썹, 웃을 때 눈썹, 시무룩할 때 눈썹까지 모두 다를 거예요. 또 주변 사람들의 눈썹은 어때요? 얇은 눈썹, 두꺼운 눈썹, 짙은 눈썹, 흐릿한 눈썹까지 천차만별이에요. 인터넷으로 내가 좋아하는 유명인의 눈썹을 찾아봐도 좋아요.

준비물

모나리자 도안(317쪽), 눈썹 도안(319쪽), 손거울, 다양한 색깔의 펜

놀이 방법

1. 다양한 표정을 지으며 거울 속 내 눈썹을 살펴본다.
2. 도안 속 모나리자 얼굴을 자세히 관찰한다.
3. 눈썹 도안에서 모나리자 얼굴에 어울릴 만한 눈썹을 오려 붙인다.
4. 직접 펜으로 원하는 눈썹 모양을 그려 넣어도 좋다.

TIP

- 나만의 '모나리자'를 탄생시켜보세요. 색깔 펜으로 화장을 시켜주거나 머리핀, 안경, 주름살 등을 그려줘도 좋아요.

> **질문해봐요**

Q. 눈썹 모양에 따라 표정이 달라지는 게 보이니?

Q. 눈썹이 생긴 모나리자는 어떤 기분인 것처럼 보이니?

> **📖 초등 교과 연계 가이드**
> - 미술3~4 : 재미있는 생각을 담아 그리기
> - 미술5~6 : 만화와 패러디

최후의 만찬

Q. 천재 의사가 그린 〈최후의 만찬〉을 아시나요?

이탈리아에 있는 산타 마리아 델레 그라치에 성당에 가면 가로 4미터, 세로 8미터가 넘는 벽면 가득, 열두 제자와 예수님이 식사하는 〈최후의 만찬〉이 그려져 있어요. 실제 사람과 거의 비슷한 크기여서 마치 성당 수도사들이 만찬에 참여하는 기분이 들 정도지요.

〈최후의 만찬〉 벽화가 그려진 이탈리아 산타 마리아 델레 그라치에 성당 내부 모습
ⓒ꿈꾸는 초심자

이 그림을 그린 사람은 해부학에 능통했던 의사답게 실제 사람의 신체 비율을 정확히 표현했고, 또한 중요한 회화 기법인 원근법도 적용해 멀리 있는 것과 가까이 있는 것을 자연스럽게 표현했어요. 르네상스 시대 최고 화가이면서 조각, 건축, 음악, 수학, 과학, 의학 등 거의 모든 분야에서 뛰어났을 뿐 아니라 지칠 줄 모르는 체력과 성실함까지 갖춘 이 사람은 누구일까요? 바로 천재 화가 레오나르도 다빈치입니다. 그가 그린 유명한 작품이 많지만 뭐니 뭐니 해도 가장 최고로 꼽히는 작품은 바로 〈최후의 만찬〉이지요. 현재 벽화를 소장하고 있는 성당과 함께 유네스코 세계문화유산으로 지정되어 있답니다.

　〈최후의 만찬〉은 예수가 십자가를 지기 전날 제자들을 불러 모아 마지막으로 저녁 식사를 함께한 사건이에요. 14~15세기 유럽에서는 주로 성경에 나오는 이야기를 그림으로 그렸고, 당연히 '최후의 만찬' 사건도 좋은 소재

〈최후의 만찬〉(The Last Supper), 1494~1498년, 레오나르도 다빈치, 회벽에 유채와 템페라, 이탈리아 산타 마리아 델레 그라치에 성당

중 하나였죠. 〈최후의 만찬〉을 그린 여러 명의 화가가 존재하는 것도 이 때문입니다.

레오나르도 다빈치는 〈최후의 만찬〉을 다른 화가들과 다르게 그리려고 고심했던 것 같습니다. 열두 제자의 표정을 그리기 위해 사람들의 생김새와 표정을 유심히 관찰했어요. 또한 인간의 두개골까지 연구했다고 해요. 두개골의 형태에 따라 얼굴 생김새와 성격이 달라진다고 생각했기 때문이죠. 예수는 이 식사 자리에서 "너희 중 한 사람이 나를 배반할 것이다."라고 말하는데, 레오나르도 다빈치는 그 말을 들은 열두 제자의 다양한 반응을 작품 속에 고스란히 표현했습니다. 누군가는 놀라고 또 누군가는 의심하거나 걱정하는 등 생생한 반응을 보이고 있어요. 철저한 분석과 연구로 탄생한 제자들의 표정과 몸짓에 많은 사람이 감탄했지요.

〈최후의 만찬〉(The Last Supper), 1325~1330, 우골리노 디 네리오, 나무에 금과 템페라, 미국 메트로폴리탄 미술관

〈최후의 만찬〉(Ultima Cena), 1490~1556년, 지롤라모 다 산타크로체, 이탈리아 산 프란체스코 델라 비냐 성당

아이와 함께 ART PLAY

최후의 만찬 만화 그리기

레오나르도 다빈치의 작품 〈최후의 만찬〉은 성경에 등장하는 예수와 열두 제자의 마지막 식사를 표현하고 있어요. 그는 등장인물의 표정과 몸짓을 생생하게 표현하려고 노력했어요. 그림은 말하지 않지만 우리는 이 상황에서 어떤 대화가 오갔을지 상상해볼 수 있어요. 레오나르도 다빈치가 표현한 그들의 표정과 몸짓을 보고 대사를 써볼까요?

생각해봐요

예수와 열두 제자에게는 어떤 일이 있었을까요?

사실 정답은 없어요. 굳이 성경을 읽지 않아도 괜찮아요. 그들의 표정과 몸짓을 보고 그저 느끼는 대로 대화를 만들면 됩니다. 〈최후의 만찬〉 속 인물들이 예수와 열두 제자가 아닌 담임 선생님과 같은 반 친구들이라고 설정해도 재밌을 거예요.

준비물

최후의 만찬 도안(321쪽), 필기도구, 말풍선 카드

놀이 방법

1. 최후의 만찬 작품 속 인물들의 표정과 몸짓을 살펴본다.
2. 각각의 인물이 어떤 말을 했을지 상상하여 말풍선 카드에 대사를 써본다.
3. 말풍선 카드를 다 채웠으면 왜 이렇게 넣었는지 이야기한다.

TIP

- 대화와 함께 그림 속 인물들의 표정까지 새롭게 그려보아요.

질문해봐요

Q. 놀란 사람의 표정은 어때? 동시에 어떤 몸짓을 하게 될까?

Q. 그림 속에서 예수를 배신한 유다를 찾아볼까? 왜 그 사람 같아?

> **📖 초등 교과 연계 가이드**
>
> - 미술3~4 : 작품에 대한 생각 발표하기
> - 국어3~4 : 이어질 내용 상상하기

Playground 3

미켈란젤로 부오나로티

Q. 신의 실수로 인간 세계에 떨어진 천사였다고?

"이제야 조각의 기본을 조금 알 것 같은데 죽어야 하다니…."
- 미켈란젤로 부오나로티

아흔 살이 되어서도 조각칼과 붓을 놓지 않았던 미켈란젤로가 남긴 마지막 말입니다. 후계자가 없어 안타깝다는 주변 말에 "나에게는 끊임없이 나를 움직이게 하는 예술이라는 아내가 있고 내가 남긴 작품들이 자식이라오."라고 대답했다고 하죠. 예술에 대한 그의 열정이 느껴지는 대목입니다. 죽어서도 영원한 천재로 남은 미켈란젤로는 사실 신이 실수로 인간 세계에 떨어뜨린 천사가 아니었을까요?

 그가 천사로 여겨질 수밖에 없는 작품이 바로 〈피에타〉 조각입니다. 완벽한 신체 표현과 흘러내리는 옷감까지 너무도 생생해서 보고 있으면 저게 과연 돌덩이가 맞는지 의심이 들 정도예요. 당시 조각 기술로는 실패한 부분을 다른 조각으로 덮어 감쪽같이 수정하는 게 가능했는데, 미켈란젤로는 절대 그렇게 하지 않았습니다. 오직 대리석 한 덩어리를 그대로 깎아서 완벽한 인물을 창조해냈어요. 천사가 아니고서야 어찌 이런 완벽한 작품을

〈피에타〉(Pieta), 1498~1499년, 미켈란젤로, 대리석 조각, 이탈리아 산피에트로 대성당
ⓒTim Stringer 픽사베이

만들 수 있었을까요?

골리앗을 이긴 다윗이 위풍당당하게 서 있는 〈다비드〉 조각은 미켈란젤로가 서른도 되지 않았을 때 완성한 작품입니다. 분명 돌로 만들었는데 금방이라도 움직일 것처럼 생생했고, 진짜 사람 같아서 모두 놀라워했어요. 천재이든 천사이든 그는 보통 사람과는 다른 게 분명했지요.

어느 날 교황 율리우스 2세는 미켈란젤로에게 막중한 임무를 내립니다.

〈다비드〉(David), 1501~1504년, 미켈란젤로, 대리석 조각, 피렌체 갤러리아 델 아카데미아
ⓒTim Stringer 픽사베이

〈시스티나 성당 천장화〉(Sistine Chapel Ceiling), 1508~1512년, 미켈란젤로, 프레스코 천장화, 이탈리아 바티칸 궁전

바로 바티칸 내에 있는 시스티나 성당에 천장화를 그리게 한 거예요. 조각가였던 그에게 그림은 굉장히 당황스러운 과제였습니다. 하지만 그가 누구입니까? 천재 미켈란젤로가 아닙니까? 많은 조수를 두고 작품을 만들었던 당대 예술가들과 달리 미켈란젤로는 물감을 만드는 조수 한 명만을 거느리고 천장화 작업을 시작합니다.

지금으로 따지면 축구 경기장쯤 되는 면적에, 높이도 무려 20미터가 넘는 곳에 스케치하고 회반죽을 바른 뒤 다시 물감으로 그림을 그려야 했죠. 그는 작업 과정을 철저히 비밀로 했기에 교황도 무척 궁금해했다고 해요. 어쨌든 천장화는 작업 기간만 4년이 걸렸습니다. 그 넓은 천장에는 바로 인류의 탄생부터 죽음까지의 모든 과정과 사건, 인물이 담긴 340여 개의 그림이 채워졌지요. 오로지 미켈란젤로의 상상만으로 표현된 인간의 신체와 몸짓들은 마치 조각처럼 정교하고 현실적이었으며, 매우 아름답기까지 했답니다.

그런 완벽한 결과물 선보인 뒤에 미켈란젤로는 처절한 대가를 치르고 말았어요. 4년간의 엄청난 작업으로 미켈란젤로의 어깨가 모두 망가졌고 한쪽 눈이 실명되는 아픔까지 떠안아야 했답니다.

아이와 함께 ART PLAY
천지창조 패러디

미켈란젤로는 커다란 대리석 한 덩이만 있으면 뚝딱뚝딱 깎아 실수도 하지 않고 엄청난 조각품을 만들었어요. 조각 천재였던 미켈란젤로에게 어느 날 교황이 성당 천장에 그림을 그려 달라고 요청하여 걱정이 많았어요. 여러 사람을 데리고 가려니 성에 차지 않아서 결국 한 사람만 데리고 성당에 들어간 그는 누구에게도 문을 열어 주지 않고 혼자서 그림을 그리기 시작했지요. 하루 단 두 시간씩만 자면서 4년을 꼬박 사다리 위에 누워 그림만 그렸어요. <시스티나 성당 천장화> 안에서 가장 유명한 부분인 <천지 창조>를 한번 볼까요? 누워서 그렸는데도 사람의 근육이나 자세가 완벽해서 꼭 사진 같아 보인답니다.

〈천지 창조〉(Sistine Chapel Ceiling), 1508~1512년, 미켈란젤로, 프레스코 천장화, 이탈리아 바티칸 궁전

> 생각해봐요

광고의 한 장면처럼 연출해볼까요?

〈천지 창조〉 부분은 아담이라는 존재에게 하나님이 생명을 전하는 순간을 표현한 장면이에요. 그 모습이 어찌나 인상 깊던지, 각종 TV 프로그램이나 영화, 광고에서도 많이 따라 하는 유명한 장면이지요. 우리도 〈천지 창조〉 속 인물이 되어 유명한 그 장면을 연출해볼까요? 그림을 자세히 살펴보며 어떤 방식을 활용하면 기발하게 패러디할 수 있을지 생각해봐요.

준비물

천지 창조 도안(325쪽), 카메라, 장면을 표현할 소품

놀이 방법

1. 몸에 두를 수 있는 흰색 천이나 스카프, 이불, 담요 등을 준비해 분장한다.
2. 도안은 카메라 렌즈 가까이에 두고, 분장한 사람은 멀리 서서 화면 안에서 거리를 맞춘다.
3. 카메라 화면 안에 〈천지 창조〉와 똑같은 구도를 잡은 뒤 사진을 찍는다.

TIP

- 〈천지 창조〉가 아닌 다른 부분을 따라 하여 새로운 작품을 만들 수도 있어요.
- 혼자서 여러 인물의 포즈를 따라 해 사진을 남긴 뒤 합성해도 재밌는 장면을 만들 수 있어요.

질문해봐요

Q. 그림 속의 인물들은 지금 어떤 상황인 것 같아?

Q. 만약 내용을 바꾼다면 어떤 대화가 어울릴까?

📖 초등 교과 연계 가이드

- 즐거운 생활 : 몸으로 표현하기
- 미술 5~6 : 사진을 활용한 예술

Playground
4

카메라 오브스쿠라

Q. 사진기의 기원이 되는 어두운 방을 아시나요?

같은 이름의 영화 한 편으로 만들어질 만큼 유명한 그림이죠. 바로 〈진주 귀고리를 한 소녀〉입니다. 화려한 옷을 입은 것도 아니고 신분이 높아 보이지도 않지만, 우리를 바라보는 소녀의 눈빛이 너무 신비로워서 깊은 인상을 주는 그림이에요. 그래서 이 그림을 보고 '네덜란드의 모나리자'라고 하는 사람들도 있어요.

〈진주 귀고리를 한 소녀〉(Girl with a Pearl Earring), 1665~1666년, 요하네스 페르메이르, 캔버스에 유채, 네덜란드 마우리츠하위스 미술관

이 그림을 그린 화가는 네덜란드의 요하네스 페르메이르랍니다. 요하네스 페르메이르는 있는 그대로 의 모습을 캔버스 위에 그리려 한 화가입니다. 그가 생각한 미술은 가장 일상적인 모습을 과장 없이 그림 자체만으로 완성하는 것이었습니다. 눈에 보이는 것을 그대로 그리기 위해 페르메이르가 택한 기법은 '카메라 오브스쿠라'였어요. 카메라 오브스쿠라는 사방이 벽으로 된 어두운 방 한쪽에 작은 구멍을 내면, 빛이 들어오면서 반대편에 바깥 풍경이나 물건이 거꾸로 비치는 현상입니다. 이 어두운 방 원리를 소형화시킨 검은 상자 모양의 장치가 만들어졌고, 페르메이르는 이 장치를 이용해 종이 위에 비친 상을 그대로 베껴 그리는 과정을 이어 갔습니다.

　그가 남긴 여러 작품에서는 몇 가지 공통점을 찾을 수 있습니다. 첫 번째는 바로 빛이에요. 네덜란드는 흐린 날이 많아서 누구나 창문과 빛을 사랑합니다. 이 화가도 마찬가지였어요. 그래서 그는 주로 왼쪽에 창문을 내고 그 창으로 빛이 들어오는 장면을 자주 그렸습니다. 두 번째는 '여성'입니다.

〈우유 따르는 여인〉(The Milkmaid), 1658~1660년, 요하네스 페르메이르,
캔버스에 유채, 네덜란드 암스테르담 국립미술관

유명한 사람이나 귀족이 아닌 평범한 여성의 일상을 그림으로 담아내곤 했습니다. 세 번째는 점입니다. 윤곽선을 그리지 않고 대신 점을 찍어 형태를 나타냈기 때문에 그림이 훨씬 부드럽고 자연스러워요. 이 기법은 이후 등장한 점묘법의 시초가 되었답니다. 네 번째 특징은 색입니다. 페르메이르는 여성에게 주로 푸른색을 사용했어요. 푸른색을 만들려면 재료비가 정말 많이 들었기 때문에 그 당시에는 성모 마리아를 그릴 때만 쓰던 아주 귀한 색이었습니다. 그런 색을 일반 여성을 그릴 때 사용했다는 것 자체가 아주

파격적인 시도였어요. 구도와 색, 빛뿐 아니라 페르메이르는 밋밋할 수 있는 흰색 벽에 작은 얼룩과 못 구멍을 내는 등 사실감을 더해 그림을 그렸습니다. 다양한 기법과 관찰력으로 사람들의 모습을 사진보다 더 사실 같은 모습으로 탄생시킨 거예요.

아래 두 그림의 주인공 역시 왕이나 귀족이 아닌 평범한 여자입니다. 그리고 창문이 모두 왼쪽에 있다는 사실. 왼쪽에서 들어온 따뜻한 빛이 그림 중앙을 비추며 페르메이르 작품 특유의 따뜻한 분위기를 자아내고 있어요.

좌: 〈물항아리를 든 젊은 여인〉(Young Woman with a Water Pitcher), 1662년, 요하네스 페르메이르, 캔버스에 유채, 미국 메트로폴리탄 미술관 / 우: 〈열린 창가에서 편지를 읽고 있는 여인〉(Girl Reading a Letter by an Open Window), 1632~1675년, 요하네스 페르메이르, 캔버스에 유채, 독일 드레스덴 국립미술관

아이와 함께 ART PLAY
사진처럼 그리기

눈에 보이는 것과 똑같이 그림을 그리려면 어떻게 하면 될까요? 사진을 찍어 옆에 놓고, 보면서 그리면 가장 쉽겠죠. 하지만 사진기가 없다면 그건 불가능할 거예요. 요하네스 페르메이르는 사진기가 아직 없던 시절에도 이 문제를 해결해서 그림을 그렸어요. 바로 '카메라 오브스큐라'라고 불리는 신기한 장치를 이용해서 말이죠. 눈에 보이는 대로 종이 위에 옮겨 그렸어요. 이 장치는 앞에 작은 구멍이 뚫려 있는 검은색 상자예요. 구멍으로 빛이 들어오면 풍경은 반대쪽으로 방향이 바뀌어서 비치게 돼요. 풍경이 비친 곳에 종이를 놓으면 종이 위에 사진처럼 그림이 펼쳐지는 것이죠. 페르메이르는 이런 방법으로 사진 같은 그림을 그릴 수 있었어요.

생각해봐요

카메라 오브스큐라 대신 진짜 카메라를 활용해볼까요?

페르메이르는 사람의 표정, 옷의 주름, 그림자 방향까지 모두 똑같이 그렸어요. 심지어 그릇에 비친 창문 모습까지 놓치지 않고 그려 넣었지요. 사진기가 없던 시절 사진으로 찍은 듯한 그림을 그린 화가, 페이르메르의 작품을 관찰하며 그가 표현한 그림 속 세계를 똑같이 따라 그려보면 어떨까요?

우리는 사진기라는 편리한 도구를 활용할 수도 있어요. 사진을 어떻게 활용해서 페르메이르처럼 완벽하게 묘사할 수 있을지 고민해봐요.

준비물

그림 그리기 도안(327쪽), 4B연필 또는 진한 연필, 끝이 둥근 볼펜, 채색 도구

놀이 방법

1. 〈진주 귀고리를 한 소녀〉를 그리기 전에 먼저 옷의 색깔, 빛의 방향, 시선 등 작품 전체를 자세히 관찰한다.
2. 도안 뒷면을 연필로 가득 칠한다.
3. 깨끗한 종이 위에 연필로 색칠한 도안 뒷면을 덮는다. 볼펜으로 도안의 선을 따라 그린다.
4. 도안을 치우면 종이 위에 선이 그려져 있다. 이제 채색 도구를 써서 똑같이 색칠한다.

TIP

- 그림 속 대상을 자세히 관찰해보는 활동이 중요해요.

질문해봐요

Q. 가족사진이나 내 사진을 준비해서 빛과 구도, 색감을 살펴본 뒤 똑같이 그림으로 표현해봐요.

📖 초등 교과 연계 가이드

- 미술5~6 : 사진을 활용한 예술
- 과학5~6 : 볼록렌즈와 빛의 굴절

Playground 5

디에고 벨라스케스

Q. 카메라가 없던 시절, 어떻게 추억을 기록했을까?

소중한 추억의 한 장면을 오래 남기고 싶을 때, 우리는 주로 사진이나 동영상을 찍어서 보관하지요. 하지만 카메라가 없던 시절에는 어떻게 했을까요?

유럽 왕실에서는 궁정에 전속 화가를 두고 중요한 행사와 남겨야 할 장면들을 그림으로 그리도록 했습니다. 스페인의 유명한 화가, 디에고 벨라스케스도 궁정 화가로 활약했어요. 당시 스페인의 새로운 국왕이었던 펠리페 4세는 벨라스케스를 신임해 자신의 초상화를 오직 그에게만 맡겼다고 합니다. 벨라스케스의 대표 작품인 〈시녀들〉 역시 펠리페 4세 부부와 그들의 딸 마르가리타 공주를 그린 그림이에요. 이 그림의 최초 이름은 〈시녀들 및 여자 난쟁이와 함께 있는 마르가리타 공주의 초상화〉였지만, 〈벨라스케스 자신의 초상화〉라 고쳐진 뒤 다시 〈펠리페 4세의 가족〉, 〈시녀들〉 순으로 바뀌었습니다. 작품 이름을 두고 이렇게 말이 많았던 이유는 그림에 대한 해석이 그만큼 다양했기 때문입니다.

　이 그림에는 다양한 인물이 등장합니다. 가장 먼저 시선을 사로잡는 주인공, 어린 마르가리타 공주가 보입니다. 그 양옆에는 시중을 드는 시녀 두 명이 있지요. 오른쪽으로 시선을 옮기면 난쟁이 두 명과 엎드려 있는 개 한

〈시녀들〉(Las Meninas), 1656년, 디에고 벨라스케스, 캔버스에 유채, 스페인 프라도 미술관

마리가 보여요. 그 뒤편에는 왕비의 시녀인 듯 보이는 인물과 왕비 수행원으로 보이는 남자가 있고, 이들은 대화를 나누고 있어요. 열린 문 뒤 계단으로 올라가는 남자도 있어요.

자, 이제 거울에 비친 펠리페 4세 부부를 살펴볼게요. 거울에 비친 인물의 위치는 사실 우리가 그림을 볼 때 시선과 같은 선상에 있습니다. 벨라스케스가 보여주려는 영역이 액자 안쪽 바로 그림 속뿐만 아니라 액자 밖 실제 공간으로 확장됐다고 볼 수 있습니다. 한쪽에서 여유롭게 그림을 그리고 있는 벨라스케스는 어떤가요? 그의 시선을 따라가면 마르가리타 공주가 아닌 펠리페 4세 부부의 초상을 그리고 있음을 짐작할 수 있습니다. 벨라스케스는 마르가리타 공주와 시녀들을 그림에 보여주면서 자신과 펠리페 4세 부부 모습도 함께 그렸어요. 이 모습은 그림치고는 매우 생동감 있는 표현이 아닐 수 없습니다. 왕가의 모습을 그리고 있는 벨라스케스의 윗옷에는 기사 작위를 뜻하는 붉은 십자가도 새겨져 있네요. 아마 자신도 등장인물로 함께하고 싶었던 게 아닐까요?

아이와 함께 ART PLAY
추억의 장면 그리기

벨라스케스는 〈시녀들〉이란 작품으로 유명한데, 이 그림에는 정말 많은 사람이 등장해요. 가장 먼저 시선을 사로잡는 주인공은 드레스를 입은 어린 소녀, 마르가리타 공주입니다. 하지만 작품 속에서 그림을 그리고 있는 화가 벨라스케스는 펠리페 4세 부부를 그리고 있어요. 그림 중앙의 뒤쪽 거울에 비친 것을 보면 알 수 있습니다. 벨라스케스는 이렇게 그림을 보는 사람이 다양한 위치에서 작품을 상상할 수 있도록 재미있는 장치를 두고 있어요.

생각해봐요

가족사진처럼 가족그림도 남겨보면 어때요?

〈시녀들〉은 마르가리타 공주의 어린 시절을 남기고 싶었던 펠리페 4세 부부가 벨라스케스에게 부탁해 그림으로 남겨진 작품이에요. 우리도 어릴 때 사진을 살펴보며 가족들과의 추억을 떠올려봐요. 사진을 보면서 이야기도 나누고 그때 장면을 궁정 화가처럼 한 컷의 그림으로 그려보면 어떨까요?

준비물

그림일기 도안(327쪽), 연필, 지우개, 채색 도구

제목 : 태풍오는 물놀이 1995년 8월 1일

	가	족	과		함	께		계	곡
에		놀	러	갔	다	.		이	
사	진	을		찍	고	나	서		바
로		태	풍	이		와	서		집
으	로		갔	다	.	ㅠㅅ			

놀이 방법

1 추억의 사진 또는 동영상을 살펴보거나 머릿속으로 그리고 싶은 추억을 떠올린다.
2 가족들과 그날의 일들을 이야기하며 추억을 나눈다.
3 그림일기 도안에 일기를 쓰고 그림을 그린다.

TIP

- 추억을 그림으로 표현하기 어렵다면 사진을 인쇄해서 붙인 뒤 글만 적는 방법도 있답니다.

질문해봐요

Q. 가장 기억에 남는 가족 행사가 있니?
Q. 가장 기억에 남는 친구들과의 추억은 뭐니?

> **📖 초등 교과 연계 가이드**
> - 미술3~4 : 경험을 떠올려 표현하기
> - 국어1~2 : 겪은 일을 표현하는 글

같은 시기, 다른 화풍
바로크 vs 로코코

바로크와 로코코는 르네상스와 신고전주의 사이에 유행했던 미술 양식을 말합니다. 바로크Baroque는 '불규칙하게 생긴 진주'라는 뜻으로 이 시대 화가들은 남성적이고 강렬한 그림을 많이 그렸습니다. 바로크 시대가 막을 열기 전까지만 해도 그리스 로마 신화와 고전주의를 부활해야 한다는 움직임이 강했어요. 하지만 바로크는 정적이고 고전적인 르네상스 시대 작품과 정반대되는 역동성을 추구했습니다. 그래서 이 시대 작품은 르네상스 미술과 달리 비례에 맞지 않는 과장되고 왜곡된 표현이 돋보이죠.

바로크 미술을 대표하는 화가로는 렘브란트와 루벤스를 꼽습니다. 그중 왕들이 특별히 아꼈던 화가는 루벤스였어요. 소설《플랜더스의 개》에 등장하는 소년 네로가 그토록 보고 싶어 한 그림도 루벤스의 작품이었죠. 그의 그림은 대체로 관능적이고 색채가 화려해 웅장한 느낌을 줍니다. 유연한 형태, 종교적인 사건과 호화로운 신화 이야기까지 바로크 미술의 특징을 잘 담고 있어요.

바로크를 뒤따라 나타난 로코코Rococo 미술은 바로크 미술과 비슷하면서도 다른

〈십자가를 세우다〉(The Raising of the Cross), 1610~1611년, 페테르 파울 루벤스, 캔버스에 유채, 벨기에 안트베르펜 성모마리아대성당

특징을 보여주고 있습니다. 로코코는 '장식적인 조개껍데기'라는 의미인데, 루이 15세 때 프랑스를 중심으로 시작되어 독일, 오스트리아, 영국 등으로 퍼진 미술 양식이에요. 로코코는 프랑스 부르주아 계급이 추구했던 화려하고 자유분방한 스타일을 조금 더 밝고 경쾌하게 표현하고자 했습니다. 귀족들은 다양하고 화려한 무늬, 우아하고 여성적인 곡선미에 경쾌함을 더한 로코코 양식으로 주거 공간을 꾸미길 좋아했지만, 그 장식이 안정감을 주었을지언정 결코 실용적이지는 않았습니다.

로코코 미술의 대표적인 화가로는 장 앙트완 와토가 있습니다. 와토의 화려하면서도 낭만적인 작품을 '페트 갈랑트(Fête Galante, 사랑의 연희)'라 부르기도 했어요. 아늑한 분위기, 고즈넉한 야외에서 우아하게 시간을 보내는 아름다운 남녀 그림이 주

〈숲속에서 열린 사랑의 연희〉(Fête Galante in a Wooded Landscape), 1719~1721년, 장 앙트완 와토, 캔버스에 유채, 영국 월리스컬렉션

| 〈모자 만드는 여인〉(The Milliner(The Morning)), 프랑수아 부셰, 캔버스에 유채, 스웨덴 국립박물관

를 이뤘기 때문이에요. 로코코 회화 대표 화가 중 프랑수아 부셰도 빼놓을 수 없어요. 그의 그림을 보면 귀족 문화의 화려함과 실내 장식 스타일, 귀족 복식 문화 등을 자세히 만나볼 수 있답니다.

바로크와 로코코 시대에는 회화뿐 아니라 음악과 건축도 특징이 뚜렷했어요. 르네상스 시대 건축물이 회화의 영향으로 부분과 전체의 균형, 반복과 비례 등을 중시했다면, 바로크 건축은 르네상스 문화에 이상을 더 담은 형태로 발전했습니다. 그래서 강렬하고 역동적인 장식이 들어간 건축이 많았죠. 대표적인 건축물은 우리가 잘 알고 있는 베르사유 궁전입니다.

바로크 건축은 루이 14세와 귀족을 중심으로 발전했기 때문인지 궁전 크기부터가

베르사유 궁전 내부에 있는 거울의 방. 이곳은 본관 2층에 있는 긴 아케이드 형태의 복도입니다. 유럽에서는 보통 정원 안뜰 가장자리에 줄기둥을 놓고 그 위에 회랑을 설치해 좌우 건물 내부로 들어갈 수 있도록 연결했습니다. 거울의 방은 17개의 아케이드 벽면이 모두 거울로 되어 있으며, 천장은 프레스코화에 금박 장식을 두르고 있답니다.
ⓒFrederic Diercks 픽사베이

ⓒGerhard Bögner 픽사베이　　　　　ⓒLeo 65 픽사베이

매우 웅장하고 겉이 매우 화려했습니다. 건물 바깥 장식에 힘을 주는 등 허례허식이 굉장했던 탓에 사람들은 바로크 건축에 어느 정도 피로감을 느끼고 있었죠. 개인적이고 비밀스러운, 사적인 공간을 향한 사람들의 열망이 일어날 즈음, 바로 로코코 양식이 등장합니다. 로코코 양식 중 건축은 결국 개인 공간을 중심으로 발전하게 됩니다. 바깥 장식보다 아담한 실내를 더 아름답게 꾸미고 장식하는 게 특징이었죠. 규모 면에서도 바로크 건축물에 비해 아담한 편이랍니다.

　왼쪽은 바로크를 대표하는 프랑스 베르사유 궁전, 오른쪽은 로코코를 대표하는 독일 남서부에 있는 트리어 선제후 궁전이에요. 베르사유 궁전은 곳곳에 금박을 두르고 있고, 창과 창 사이에도 조각 장식이 돋보여요. 그에 비해 트리어 선제후 궁전은 외관의 장식을 줄이고 내부 실내 장식에 집중했습니다.

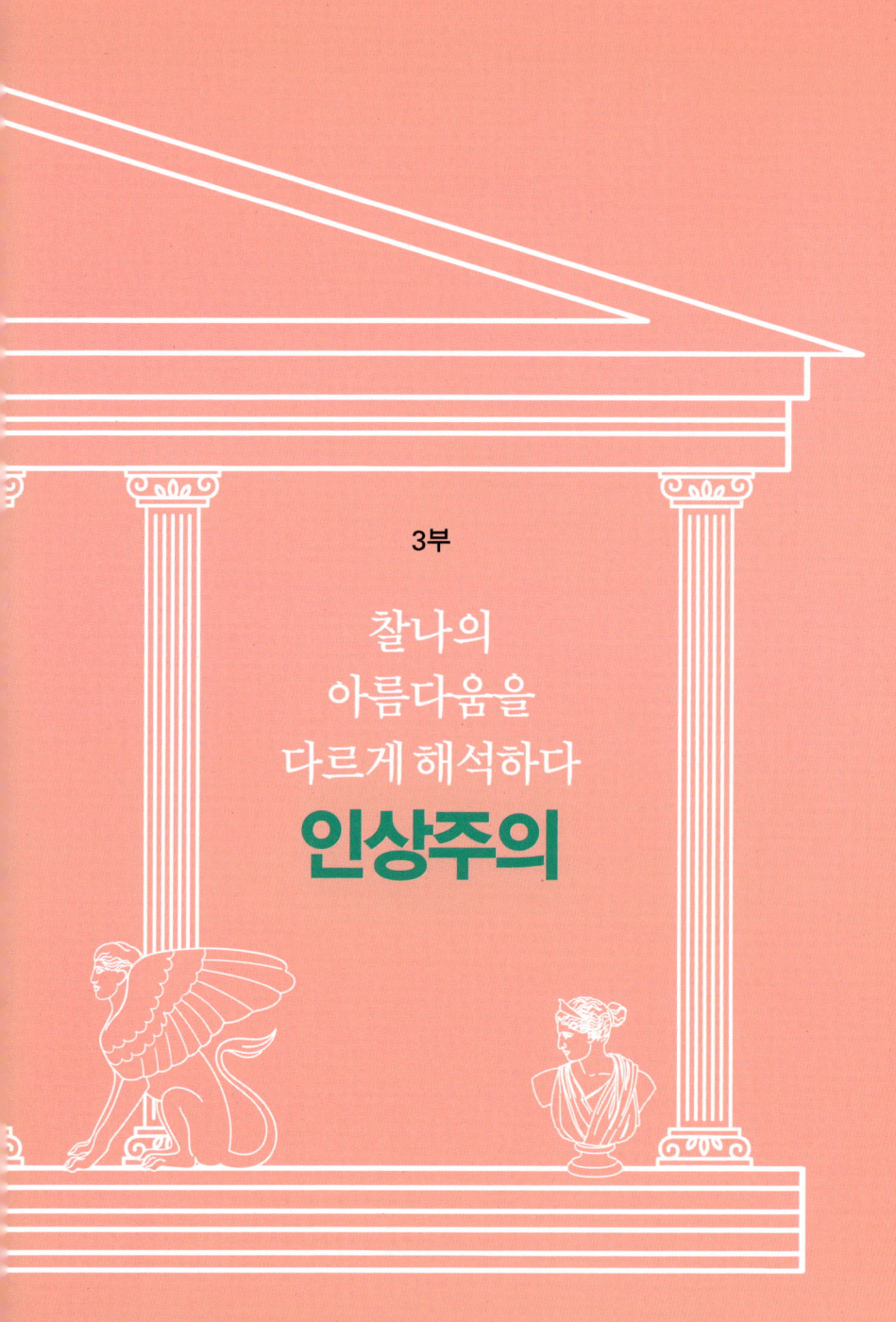

클로드 모네

Q. 시간에 따른 빛의 변화를 어떻게 그림 속에 담을 수 있을까요?

인상주의를 완성시킨 클로드 모네는 같은 풍경도 시간에 따라 빛이 달라져 전혀 다른 색으로 보인다는 사실을 사람들에게 일깨워줬습니다.

위: 〈건초 더미(늦여름)〉(Stacks of Wheat (End of Summer)), 1890~1891년, 클로드 모네, 캔버스에 유채, 미국 시카고 미술관
아래: 〈건초 더미, 눈의 효과, 아침〉(Wheatstacks, Snow Effect, Morning), 1891년, 클로드 모네, 캔버스에 유채, 미국 폴게티 미술관

　모네는 어린 시절 해안 도시에서 다른 사람들의 캐리커처를 그려준 돈으로 생활했습니다. 그의 재능을 가장 먼저 알아본 사람은 인상파의 선구자로 불리는 프랑스 화가 외젠 부댕이었어요. 덕분에 모네는 소년 시절 야외 풍경을 그리기 시작했지요. 해안 도시에서 지내는 동안 그는 급격한 날씨 변화로 풍경이 자주 변화한다는 사실을 깨달았습니다.

　성장한 모네는 스물두 살에 파리로 가서 비슷한 화풍을 지향하는 동료를 만나게 됩니다. 그는 꾸준히 풍경화를 그리며 살롱전에도 작품을 출품했지만, 결과는 좋지 않았습니다. 당시 유럽은 신고전주의와 낭만주의 이후 자연주의 혹은 사실주의 움직임이 일며 사물을 객관적으로 그리려는 움직임이 강한 때였습니다. 번번이 좌절을 맛본 모네는 결국 비슷한 화풍의 동료를 모아 독자적인 무명 미술가 협회를 만들어 전시회를 열게 됩니다. 이때도 평론가들은 비웃었지만, 모네는 신경 쓰지 않았습니다. 꾸준히 작품 활동을 이어 갔고, 풍경을 야외에서 스케치한 뒤 화실에 돌아와 마무리하던

〈수련, 1906〉(Water Lilies), 1906년, 클로드 모네, 캔버스에 유채, 미국 시카고 미술관

기존 화가들의 관례도 벗어던지게 됩니다. 스케치와 채색, 마무리를 모두 야외에서 마치기 시작한 것이죠.

모네의 모든 작품에 공통으로 등장하는 주인공이 있는데, 바로 햇빛입니다. 햇빛을 더 섬세히 그리고 표현하기 위해 그는 비가 오나 눈이 오나 항상 밖에서 작업을 했어요. 빛이 만들어내는 짧은 순간을 담아야 했기에 작업이 끝날 때까지 화장실도 가지 않고 그림을 그렸지요. 모네는 밖에서 매일

같은 풍경을 그리다가 아주 중요한 사실에 눈뜨게 됩니다. 바로 빛과 날씨에 따라 같은 풍경도 완전히 달라 보인다는 점을 깨달았습니다. 이에 흥미를 느낀 모네는 하나의 주제를 여러 장 그리는 연작을 시도하게 됩니다.

모네는 1883년, 파리 근교 지베르니라는 마을에 정원과 연못이 있는 집을 마련해 이곳에서 그림을 그리기 시작합니다. 정원과 연못에 핀 수련을 계절에 따라, 시간에 따라 계속해서 그렸고, 비슷하면서도 매번 다른 '수련' 연작 작품이 탄생하게 됩니다.

흔들림 없이 작품에 정진했기 때문일까요, 그의 작품은 19세기 후반에 이르러 비로소 사람들의 마음을 움직이기 시작합니다. 빛을 너무 오랫동안 바라본 모네는 눈이 잘 보이지 않게 된 와중에도 '수련' 연작을 250여 점이나 그리며 놀라운 작품들을 남긴 채 아름다운 그의 집에서 세상을 떠납니다.

모네는 사물의 보편성과 조화, 비율 등을 중시하는 고전주의도, 현실을 그대로 재현하려 하는 사실주의도 따르지 않았습니다. 그림이 소름 끼치도록 사실적이기보다는 본인 눈에 비친 그 느낌을 반영하고 있으면 된다고 생각했던 듯합니다. 풀의 색도 빛을 얼마나 받느냐에 따라 달라지듯이 그는 시시각각 변하는 빛의 색감을 열심히 쫓았습니다. 그래서 같은 주제여도 빛의 세기와 길이에 따라 그림 느낌이 달라집니다. 빛은 순식간에 변하기 때문에 그는 밑그림도 그리지 않고 바로 색을 칠했습니다. 짧은 시간 안에 작품을 완성하려면 이 방법밖에 없었던 것이죠. 그래서 모네의 그림은

위: 〈수련〉(Nympheas), 1897~1898년, 클로드 모네, 캔버스에 유채, 미국 로스앤젤레스카운티 미술관 / 아래: 〈수련 연못〉(The Water Lily Pond), 1917~1919년, 클로드 모네, 캔버스에 유채, 오스트리아 알베르티나 박물관

유난히 붓의 거친 질감이 살아 있습니다. 사실적인 묘사가 잘 그린 그림의 기준이었던 시기이니 평론가들은 그의 그림을 어린이가 그린 듯 미숙하다

좌: 〈루앙 대성당 외벽과 광장에서 바라본 탑(아침 효과)〉(Rouen Cathedral Façade and Tour d'Albane(Morning Effect)), 1894년, 클로드 모네, 캔버스에 유채, 미국 보스턴 미술관
우: 〈루앙 대성당, 서쪽 외벽, 햇빛〉(Rouen Cathedral, West Façade, Sunlight), 1894년, 클로드 모네, 캔버스에 유채, 미국 워싱턴 내셔널갤러리

고 평했습니다. 평론가들이 조롱하기 위해 택한 '인상파'라는 용어를 모네는 스스로 받아들였습니다. 그때 그 '인상주의'가 지금 우리 시대까지 이어온 것이죠.

아이와 함께 ART PLAY

시간을 도화지에 담기

풀은 무슨 색이지요? 우리는 대부분 초록색이라고 이야기하지만, 모네는 시간에 따라 그리고 빛에 따라 늘 색이 달라진다고 생각했습니다. 그전까지는 모두 풀은 초록색, 구름은 흰색, 해는 붉은색이라 그렸지만 모네는 빛의 세기에 따라 풀이 노랗게 보이기도 하고, 붉게 보이기도 한다는 사실을 자신의 그림으로 보여줬습니다. 시간에 따라 달라지는 빛을 모두 색으로 표현한 것이지요.

관찰해봐요

시간마다 달라지는 색깔을 살펴볼까요?

우리도 집 앞 풍경이 시간마다, 계절마다 어떻게 달라지는지 관찰하고 그림으로 표현해볼까요? 만약 내가 모네라면 시간에 따라 달라지는 모습을 어떻게 나타낼 수 있을까요? 모네는 똑같은 풍경이라도 이른 새벽, 동이 트는 아침, 정오, 해가 지는 오후마다 달라진다는 사실을 색으로 표현하고자 했어요. 눈이 내리거나 안개가 낀 날, 햇볕 쨍쨍한 날의 변화에도 주목했지요. 우리도 지금부터 도화지에 시간을 담아봐요.

준비물

시간에 따라 달라지는 같은 장소의 사진들, 도화지, 채색 도구

놀이 방법

1 하나의 장소를 정하고, 오전, 오후, 저녁 시간에 찾아가 사진을 찍는다.
2 시간별로 찍은 사진을 비교해서 관찰한다.
3 시간별로 다르게 보이는 특징을 살려 그림을 그리고 색칠한다.

TIP

- 같은 장소의 날씨가 달라질 때마다 사진을 찍어서 준비해도 좋아요.
- 바깥 풍경이 아니더라도 집안에서 내가 가장 좋아하는 공간을 시간대별로 관찰해도 좋아요.

> 질문해봐요

Q. 시간마다 변하는 집 앞 풍경 또는 집 안을 관찰해봤니? 시간에 따라 무엇이 달라졌니?

📖 초등 교과 연계 가이드
- 미술5~6 : 학교 안 풍경 그리기
- 과학5~6 : 낮과 밤, 계절의 변화 알아보기

Playground 2

오귀스트 르누아르

Q. 모든 그림은 아름다워야 한다?

여기 꽃보다 아름다운 그림이 있습니다. 보고 있으면 미소가 지어지는 핑크빛 그림이 마치 사랑스러운 봄날을 떠올리게 합니다. 무엇이든 아름답게 그린 화가, 르누아르의 이야기입니다.

〈잔 사마리의 초상〉(Portrait of the Actress Jeanne Samary), 1877년, 오귀스트 르누아르, 캔버스에 유채, 러시아 푸시킨 미술관

르누아르는 그림만 그리기에는 사정이 넉넉하지 않았습니다. 도자기 공장에서 꽃을 그리는 일을 하며 생계를 이어 갔습니다. 하지만 그마저도 기계에 빼앗기게 되면서 일자리를 잃게 됩니다. 부채와 양산에 꽃을 그려 넣으며 어렵게 작품 활동을 이어 가던 르누아르는 살롱전에 당선된 후 점점 인기가 많아지면서 초상화 주문이 끊이지 않게 됩니다.

르누아르는 당시 유행하던 어둡고 딱딱한 분위기의 초상화를 그리는 것이 아무 의미가 없다고 생각했습니다. 그때부터 르누아르만의 색감이 들어간 그림이 등장하기 시작합니다.

르누아르는 사람을 그릴 때 검은색 물감을 쓰지 않았다고 합니다. 또한 테두리를 그리지 않았기 때문에 더욱 화사한 분위기의 그림이 완성될 수 있었습니다. 소녀의 눈과 코, 부드러운 머릿결에서까지 표현된 르누아르만의 색감이 느껴지나요?

〈피아노 앞에 앉은 소녀들〉 (Two Young Girls at the Piano), 1892년, 오귀스트 르누아르, 캔버스에 유채, 오르세 미술관

〈물랭 드 라 갈레트의 무도회〉 (Dance at le Moulin de la Galette), 1876년, 오귀스트 르누아르, 캔버스에 유채, 프랑스 오르세 미술관

좌: 〈시골의 무도회〉(Country Dance), 1883년, 오귀스트 르누아르, 캔버스에 유채, 프랑스 오르세 미술관 / 우: 〈시골 무도회 스케치〉(The Dance in the Country), 1883년, 오귀스트 르누아르, 캔버스에 스케치

　르누아르는 사람들의 즐거운 모습을 그렸습니다. 그의 작품 속 사람들은 모두 즐겁게 활짝 웃고 있습니다. 더불어 행복한 사람들에게 잘 어울리는 따스한 빛을 함께 표현하는 데도 특별한 재능이 있었습니다. 르누아르만이 가진 분위기 덕분에 르누아르의 작품들은 아직도 많은 사랑을 받고 있습니다.

아이와 함께 ART PLAY

르누아르가 사랑한 모자 완성하기

르누아르는 모자를 특별히 좋아했습니다. <뱃놀이 일행의 오찬> 그림을 보면 모든 사람이 모자를 쓰고 있답니다. 르누아르가 얼마나 모자를 좋아했으면 사람들이 모자를 그만 좀 그리라고 했을 정도였지요. 그래도 모자 덕분에 르누아르의 그림 속 분위기는 더욱 즐겁고 활기차 보이는 것 같습니다.

〈뱃놀이 일행의 오찬〉(Luncheon of the Boating Party), 1880~1881년, 오귀스트 르누아르, 캔버스에 유채, 미국 필립스 컬렉션

| 생각해봐요 |

르누아르에게 그림을 주문한 사람들은 르누아르가 그린 모자 때문에 유행이 지나면 촌스러워질까 걱정하기도 했답니다. 르누아르의 모자가 촌스러워지지 않도록 나만의 방식대로 다시 디자인해보면 어떨까요?

준비물

르누아르 도안1·2(331~333쪽), 채색 도구

놀이 방법

1 도안을 보며 어떤 상황인지 생각한다.
2 어울리는 모자를 그려본다.
3 원작과 비교하며 다른 점을 이야기해본다.

TIP

- 집에 있는 작은 레이스나 리본을 활용해도 좋아요

질문해봐요

Q. 르누아르 그림 속 사람들의 의상과 다른 액세서리까지 꾸며주면 어떨까?

> 📖 **초등 교과 연계 가이드**
> - 즐거운 생활 : 여름 생활 도구 만들기
> - 미술3~4 : 생활 속의 미술 발견

Playground
3

조르주 쇠라

Q. 세상을 점으로 그릴 수 있다고?

"미술은 조화이다. 명랑함과 고요함, 슬픔의 혼합에서
이러한 것들이 빛의 영향과 지배 아래 있음을 생각하면 말이다."
- 조르주 쇠라

〈노르망디 바다 풍경〉(Seascape at Port-en-Bessin, Normandy), 1888년, 조르주 쇠라, 캔버스에 유채, 미국 워싱턴 내셔널갤러리

프랑스 화가 조르주 쇠라는 부유한 가정에서 태어나 파리 국립미술학교에 입학해 미술의 기본기를 다졌습니다. 쇠라는 사람들과 어울리기보다는 혼자 책 보는 것을 더 좋아했다고 합니다. 그래서인지 그림뿐만 아니라 색채학과 광학 이론 같은 과학에도 관심을 두고 꾸준히 공부했습니다.

쇠라는 1879년 인상파 전시회장에서 모네와 드가의 작품을 보고 깊은 감명을 받은 뒤 계속해서 많은 이론을 공부하게 됩니다. 이렇게 지식을 쌓으며 그는 독자적인 길로 들어설 수 있었습니다. 쇠라는 빛을 그림으로 표현하는 '점묘법'을 더 발전시켜 수많은 습작과 작품을 완성하기에 이릅니다. 점묘법은 빛을 과학적으로 분석해 미술에 적용한 것으로, 색채를 서로 섞지 않은 채 점으로 표현하는 방식입니다. 그림을 선으로 그려야 한다는 관념을 완벽히 깨뜨린 이 기법은 20세기 입체주의 미술에도 영향을 미쳤습니다.

쇠라가 보여준 신인상주의와 기존 인상주의의 가장 큰 차이는 색과 빛을 바라보는 관점입니다. 인상주의 화가들이 색과 빛을 동일 선상에서 봤다면 신인상주의는 색의 성질과 빛의 성질은 엄연히 다르다고 주장했습니다. 그래서 각기 다른 색으로 무수히 많은 점을 찍어 그림을 그리면 빛이 그림을 비추고, 이를 사람들이 볼 때 망막에서 자연스레 색이 섞여 혼합색을 사용한 그림보다 더 밝게 느껴질 수 있다는 거였죠. 하지만 쇠라의 이런 남다른 생각이 당대에는 널리 인정받지 못했습니다.

점묘법의 대표적인 작품인 〈그랑 자트 섬의 일요일 오후〉입니다. 빛이 닿는 부분과 닿지 않는 그늘 부분의 대비가 눈에 띄는 작품입니다. 쇠라는

〈그랑 자트 섬의 일요일 오후〉(Study for A Sunday on La Grande Jatte), 1884년, 조르주 쇠라, 캔버스에 유채, 미국 시카고 미술관

〈서커스〉(Le Cirque), 1890~1891년, 조르주 쇠라, 캔버스에 유채, 프랑스 오르세 미술관

햇살이 부서져 내리는 느낌을 완벽히 표현하고자 했다고 합니다.

쇠라의 〈서커스〉 작품은 햇빛이 들지 않는 실내를 그렸습니다. 하지만 서커스극을 펼치는 곡예단과 그 모습을 구경하는 사람들이 마치 스스로 빛을 발산하는 느낌을 줍니다. 아마도 점묘법이 가지는 특별함 때문이 아닐까요. 심지어 이 그림은 쇠라가 편도선염에 걸려 미처 완성하지 못한 미완성 작품이라고 합니다. 그림을 향한 열정 때문에 무리한 탓일까요, 쇠라는 편도선염을 앓다가 결국 1891년, 32세라는 이른 나이에 세상을 떠납니다. 그가 활동한 기간은 비교적 짧았지만, 신인상주의에 획을 그은 건 분명해 보입니다. 지금은 새로운 예술 방식을 창조한 화가로 영원히 기억되고 있답니다.

쇠라는 짧은 생애 동안 7개의 대작을 남겼습니다. 한 작품을 완성하기 위해 60개의 습작을 그렸을 정도로 완벽주의자였던 그는 만족할 만한 그림을 그리기 위해 완벽한 구성을 꾸준히 연구했습니다. 가로 3m가 넘는 큰 그림을 그릴 때는 장면을 여러 개로 나누어 종이에 밑그림을 그리고, 나무판에 채색하는 방식으로 연습했다고 합니다. 또한 그는 미술과 과학적 논리를 융합해 새로운 시각으로 예술을 바라보았습니다. 죽는 날까지 자신이 추구하는 목표를 향해 달렸던 그 열정이 지금의 신인상주의를 남겼다고 생각하면 절로 감탄이 나온답니다.

아이와 함께 ART PLAY

점으로 그림 그리기

정말로 선을 그리지 않고도 그림을 그릴 수 있을까요? 쇠라는 선을 사용하지 않고 무수한 점을 찍어서 그림을 완성시켰어요. 물감을 섞어서 색을 칠하면 절대 밝은 빛을 표현할 수 없다고 생각했기 때문이에요. 만약 내가 쇠라라면 지금 내 눈앞에 보이는 장면을 어떻게 표현했을까요? 우리도 눈에 보이는 장면을 '점묘법'으로 그림을 그려봐요.

준비물

쇠라 도안1·2(335~337쪽), 다양한 색깔의 네임펜 또는 면봉과 물감

놀이 방법

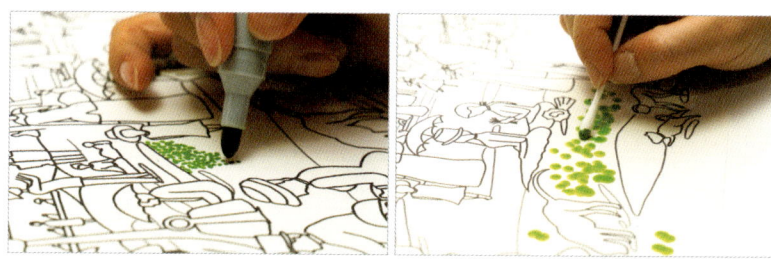

1. 도안을 준비한다.
2. 밝은색에서 어두운색 순으로 혹은 가장 많이 필요한 색 순으로 네임펜을 분류한다.
3. 도안에 네임펜으로 점을 찍어 색깔을 채운다. 이때 색이 서로 겹치지 않게 주의하며 꼼꼼히 점을 찍는다.

TIP

- 네임펜이 없을 때는 면봉과 물감을 준비해 점을 찍어도 좋아요.

📖 초등 교과 연계 가이드

- 미술3~4 : 조형 요소로 표현하기
- 과학5~6 : 햇빛의 여러 가지 색

Playground 4

빈센트 반 고흐

Q. 별이 된 화가, 고흐를 아시나요?

빈센트, 고흐, 반 고흐… 어느 이름으로 불러도 누구나 그의 작품 한두 가지는 떠올릴 수 있을 만큼 유명한 화가죠. 그의 작품에 적힌 서명이 모두 빈센트Vincent인 걸 보면 살아 있는 동안에는 그렇게 불리지 않았나 싶습니다.

〈폴 고갱에게 바치는 자화상〉(Self Portrait (dedicated to Paul Gauguin)), 1888년, 빈센트 반 고흐, 캔버스에 유채, 미국 포그 미술관

　네덜란드에서 태어난 고흐는 낙서로 그림을 시작했습니다. 정식으로 그림을 배운 적이 없어서 오히려 자신만의 색깔이 더욱 분명해졌던 것 같아요. 27세, 비교적 늦은 나이에 미술을 시작한 그는 37세에 일찍 세상을 떠났습니다. 그가 미술에 쏟아부은 세월은 10년 남짓이었지만, 그가 떠나고 100년이 지난 세월 동안 여전히 많은 이들에게 감동과 영감을 주고 있다는 사실이 놀라울 따름입니다.

　반 고흐와 함께 떠오르는 이름, 동생 테오도 있습니다. 테오는 반 고흐 인생에서 결코 없어서는 안 될 존재이죠. 고흐가 오로지 그림에만 몰두할 수 있었던 것도 테오의 지원 덕이었으니까요. 생활비, 재료비 모두를 테오에게 받은 고흐는 미안한 마음 때문이었는지 하루도 쉬지 않고 그림을 그렸습니다. 죽기 전날까지 10년간 그린 그림이 자그마치 900점이 넘습니다.

　한동안 프랑스 남부 '아를'이란 곳에 정착한 고흐는 노란색으로 칠해진 아담한 집을 구해 친구 고갱을 초대합니다. 고흐는 이곳에 예술가만을 위

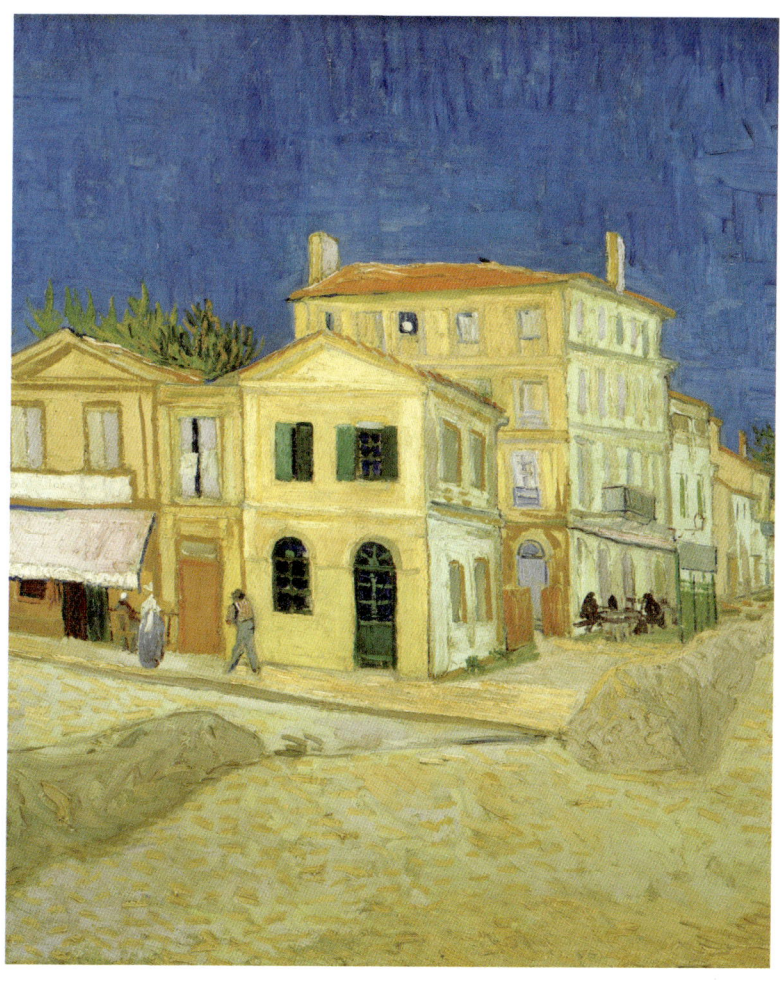

〈노란 집〉(The Yellow House(The Street)), 1888년, 빈센트 반 고흐, 캔버스에 유채, 네덜란드 반 고흐 미술관

한 공간을 만들고 싶었습니다.

"고갱, 이제 이곳에서 나와 함께 예술가를 위한 장소를 만들어보세."

사실 고갱은 단지 아를에 잠시 놀러 왔을 뿐이었는데, 매일같이 옆에서 자기 이야기만 하는 고흐에게 질려 싸우고 파리로 가버립니다. 고갱이 떠난 그 밤, 고흐는 절망에 빠져 자기 귀를 잘라버리고 거리에서 쓰러졌습니다. 다시 깨어난 그는 자기 발로 아를에 있는 한 정신병원을 찾아갔습니다. 남은 생애 동안 고흐는 병원에서 치료받으며 그 안에서 계속 그림을 그렸다고 합니다.

고흐는 변덕스러운 성격으로 유명합니다. 기분이 좋았다가도 금방 우울해지곤 했는데, 그럴 때도 변함없이 그림을 그렸지요. 아마 기분에 따라 세상이 많이 달라 보였던 것 같습니다. 자연 풍경을 그린 그림에서도 고흐의 감정이 잘 드러나기 때문이지요. 바람과 풀, 나무… 자연의 소재들이 서로 어우러지는 모습이 특별한 〈사이프러스 나무가 있는 밀밭〉을 보면 솔솔 부는 바람과 그에 화답하는 나무, 구름, 밀밭이 일렁이듯 그려져 있습니다. 반짝반짝, 밤하늘에 콕콕 박혀 있는 별로 유명한 〈론강의 별이 빛나는 밤〉도 살펴볼까요? 고흐는 별을 보면 마음이 울렁거렸다고 했어요. 별이 싫어서가 아니라 마음이 흔들리는 듯 아름다워서라고 합니다.

위: 〈론강의 별이 빛나는 밤〉(Starry Night Over the Rhone), 1888년, 빈센트 반 고흐, 캔버스에 유채, 프랑스 오르세 미술관 / 아래: 〈사이프러스 나무가 있는 밀밭〉(Wheat Field with Cypresses), 1889년, 빈센트 반 고흐, 캔버스에 유채, 미국 메트로폴리탄 미술관

〈고흐의 방〉(The Bedroom), 1889년, 빈센트 반 고흐, 캔버스에 유채, 미국 시카고 미술관

다소 괴짜 같았던 그의 삶을 가장 잘 보여주는 건 아무래도 자화상인 것 같습니다. 반 고흐는 마치 지나간 시간을 남기듯 자신의 모습을 그리고 또 그렸습니다. 비교적 젊은 모습도, 우울해 보이는 모습도 있어요. 그의 마지막 자화상은 병원에서 환자복을 입고 있는 모습입니다. 고흐는 살아생전에 누군가에게 주목받은 적이 없었습니다. 하지만 지금은 고흐의 작은 그림을 보기 위해 세계 어느 곳에서든 사람들이 줄을 서서 기다리곤 하죠. 세상이 몰라주고, 삶이 힘들어도 그림에 대한 순수한 열정을 잃지 않았던 고흐의 고집이 지금이라도 사랑받게 되어 참 다행입니다.

아이와 함께 ART PLAY

자화상 배경 그리기

고흐는 세계에서 가장 유명한 화가 중 한 명입니다. 하지만 고흐가 살아 있는 동안에는 지금처럼 사랑받지 못했습니다. 슬픈 일도 많고, 힘든 일도 많았던 고흐는 그림으로 일기를 쓰듯 자화상을 그렸습니다. 지금부터 자화상 속 고흐가 되어 그의 기분을 상상해보세요. 그리고 그 상황에 어울리는 배경을 그려 새로운 자화상을 탄생시켜주세요. 물감을 사용해도 좋고, 색연필, 크레파스 어떤 도구라도 좋습니다.

생각해봐요

반 고흐에게 어울리는 배경은 어떤 색일까요?

고흐는 많은 자화상을 그렸지만, 비슷한 그림이 없을 정도로 강렬한 색감의 배경을 자주 사용했어요. 고흐의 다양한 자화상을 살펴보고, 내가 떠올린 기분에 맞는 배경은 무엇일지 생각해봐요.

준비물

자화상 도안(339쪽), 채색 도구, 거울, 가위, 풀

놀이 방법

1. 도안에 있는 고흐의 눈동자와 그가 입은 옷 등을 살피며 현재 어떤 상황인지를 상상해본다.
2. 빈 종이에 상상한 고흐의 기분과 상황에 맞는 배경을 꾸민다. 종이에 물감을 흘리거나 뿌려서 표현하는 방법도 좋다.
3. 고흐의 자화상 도안을 오려 내가 꾸민 배경 위에 붙인다.

TIP

- 그림 배경에 고흐와 어울리는 소품을 그리거나 패턴을 넣어 기존 자화상과 다르게 표현해도 좋아요.

질문해봐요

Q. 고흐 자화상의 배경을 왜 이렇게 꾸민 거야?

📖 초등 교과 연계 가이드
- 미술3~4 : 그리기 재료의 느낌 살리기
- 미술5~6 : 자화상 감상하기

에드바르드 뭉크

Q. 삶의 고난과 괴로움을 버텨낸 그림들?

'울렁거리는 듯 기괴한 배경, 해골 같은 얼굴에 절규하는 표정, 뒤에서 다가오고 있는 정체 모를 누군가.' 어떤 그림이 떠오르시나요? 바로 뭉크의 〈비명〉입니다.

〈비명〉(The Scream), 1895년, 에드바르드 뭉크, 보드지에 파스텔, 개인 소장

뭉크는 노르웨이에서 태어나 프랑스 파리와 독일 베를린을 무대로 활동한 화가입니다. 어린 시절 결핵으로 어머니와 누나를 잃었고, 어머니의 죽음 이후 광적으로 변해가는 아버지와 가난을 감당해야 했습니다. 엎친 데 덮친 격으로 여동생은 정신병을 앓았고, 남동생마저 곧 병으로 죽게 됩니다. 뭉크 자신도 류머티즘과 열병 등 갖은 지병을 앓았습니다.

　암울했던 어린 시절이 지나고 뭉크는 아버지의 바람대로 기술학교에 들어갑니다. 하지만 건강이 좋지 않아 퇴학하고 이듬해 예술학교에 등록하죠. 그마저 1년 뒤 중단하게 되지만 말이에요. 이후 뭉크는 동료 화가들과 함께 작업실을 차리고 그림을 그리기 시작합니다. 1883년 산업미술전에 작품을 출품하면서 본격적인 화가 인생이 시작됩니다.

　가족 다음으로 그의 작품 세계에 짙은 영향을 미친 존재는 연인들이었습니다. 평생을 결혼하지 않고 산 뭉크지만, 그에게는 수많은 연인이 존재합

〈병실에서의 죽음〉(Death in the Sickroom), 1893년, 에드바르드 뭉크, 캔버스에 유채, 노르웨이 국립미술관

니다. 가장 먼저 뭉크의 첫사랑으로 알려진 밀리 탈로가 있습니다. 유부녀인 밀리의 자유분방한 기질은 뭉크를 늘 질투와 괴로움에 시달리게 했습니다. 첫사랑의 고통은 뭉크가 파리 유학을 떠나기 전까지 계속되었습니다. 파리 유학을 떠나 고흐, 고갱, 로트레크와 같은 화가들 작품을 접하며 자신의 미술 세계를 넓혀갑니다. 하지만 이 시기 아버지가 세상을 떠나면서 그는 더 암울해집니다. 아이러니하게도 그가 암울해질수록 작품은 더 깊어졌

습니다. 〈비명〉 또한 이 시기에 탄생했죠.

독일에서 작품 활동을 하던 그는 1899년 노르웨이로 돌아왔습니다. 이때 연상의 여인 툴라 라르센을 만납니다. 그녀와의 사랑으로 작품 세계는 더 깊어졌지만, 그녀의 과도한 집착과 폭력을 견디지 못한 뭉크는 또다시 결별합니다. 사랑은 달콤한 것이지만 동시에 가장 깊은 상처를 주기도 합니다. 뭉크는 사랑하며 느낀 이런 모순적인 감정을 그림에 쏟아냅니다. 이

〈재〉(Ashes), 1894~1895년, 에드바르드 뭉크, 캔버스에 유채, 노르웨이 국립미술관

때 그린 〈재〉(Ashes, 1894~1895년), 〈뱀파이어〉(Vampire, 1893), 〈질투〉(Jealousy, 1895), 〈생의 춤〉(The Dance of Life, 1899~1900) 등이 사랑과 폭력, 집착, 질투, 광기, 그리고 여인에 대한 공포심이 낱낱이 표현된 작품들입니다.

여러 가지 사건 때문이었을까요, 그는 한동안 정신병을 앓으며 고난의 시기를 보냅니다. 다행히 치료를 받아 조금씩 나아졌고 1910년 이후부터는 그림도 조금씩 밝은 색감을 띠기 시작합니다. 자기 작품을 무척이나 아꼈던 뭉크는 작품이 판매되면 똑같은 작품을 다시 그려 소장했다고 합니다. 덕분에 우리는 노르웨이 오슬로에 위치한 뭉크 미술관에서 여전히 그의 작품을 감상할 수 있습니다. 그의 작품은 같은 모습이지만 약간 다르게 칠해진 채로 혹은 판화로 제작되어 남겨졌습니다.

1944년, 81세 나이로 눈을 감기까지 여생을 풍경화와 자화상을 그리며 보냈습니다. 뭉크의 그림은 언뜻 보면 기괴하고 독특하게 느껴질 수 있습니다. 하지만 다시 한번 봐주세요. 어두움에 잠식되지 않으려 안간힘을 쓰고 있는, 삶을 포기하지 않으려 고독하게 싸우는 한 인간의 애절함이 느껴지지 않나요?

나의 감정을 그림으로

뭉크는 어린 시절 엄마와 누나를 폐렴으로 잃고 남동생마저 세상을 떠나보낸 뒤 자신도 건강이 좋지 않아서 늘 죽음을 두려워했습니다. 가족을 잃은 슬픔과 아픈 몸은 평생 그를 괴롭히고 지치게 했지요. 그래서 뭉크의 그림은 우울하고 어두운 분위기가 강하답니다. 특히 〈비명〉은 그의 괴로움이 가장 잘 드러난 작품이기도 합니다. 뭉크도 자신의 마음이 잘 반영된 이 그림을 무척 좋아하고 아꼈다고 해요. 그래서 파스텔, 유화, 판화 등 다양한 재료로 똑같이 그려서 〈비명〉 작품만 50여 가지가 넘는다고 하죠.

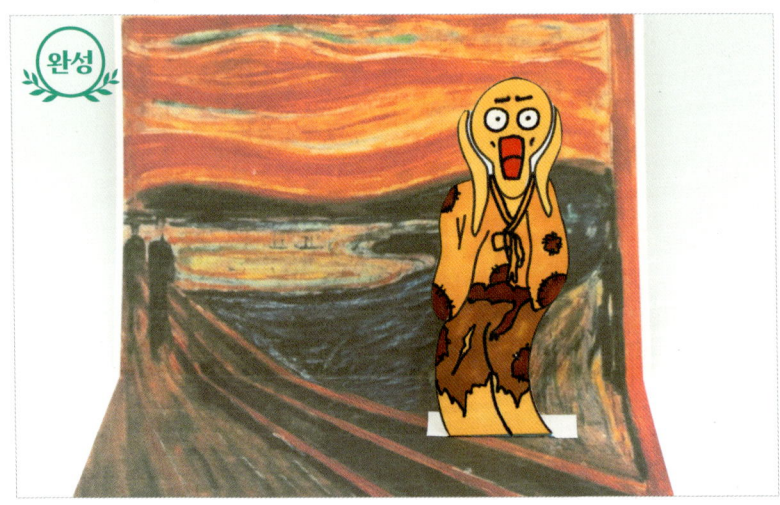

> 생각해봐요

안 좋은 마음을 꺼내 그림에 담아볼까요?

살면서 늘 좋은 일만 있을 수는 없어요. 몸이 아파서 힘들었을 때, 친구와 다투어 속상했을 때, 부모님께 꾸중을 들어 의기소침해질 때…. 안 좋은 기억은 누구에게나 있답니다. 그때의 마음을 뭉크처럼 그림으로 그려보기로 해요.

> 준비물

뭉크 배경 도안(341쪽), 뭉크 사람 도안(343쪽), 채색 도구, 가위, 풀

> 놀이 방법

1. 사람 도안을 절취선에 따라 오린다.
2. 오린 도안 ①에 나의 감정을 담아 표정을 그리고 색을 칠한다.
3. 배경 도안을 점선을 따라 접는다.
4. 도안 ②에 꾸민 도안 ①을 배치해 풀로 붙여 완성한다.

> 질문해봐요

Q. 나의 어떤 기분을 담아서 표현했어? 무슨 일이 있었던 거니?

📖 **초등 교과 연계 가이드**

- 미술5~6 : 미술 작품 패러디하기
- 국어1~2 : 나의 감정 표현하기

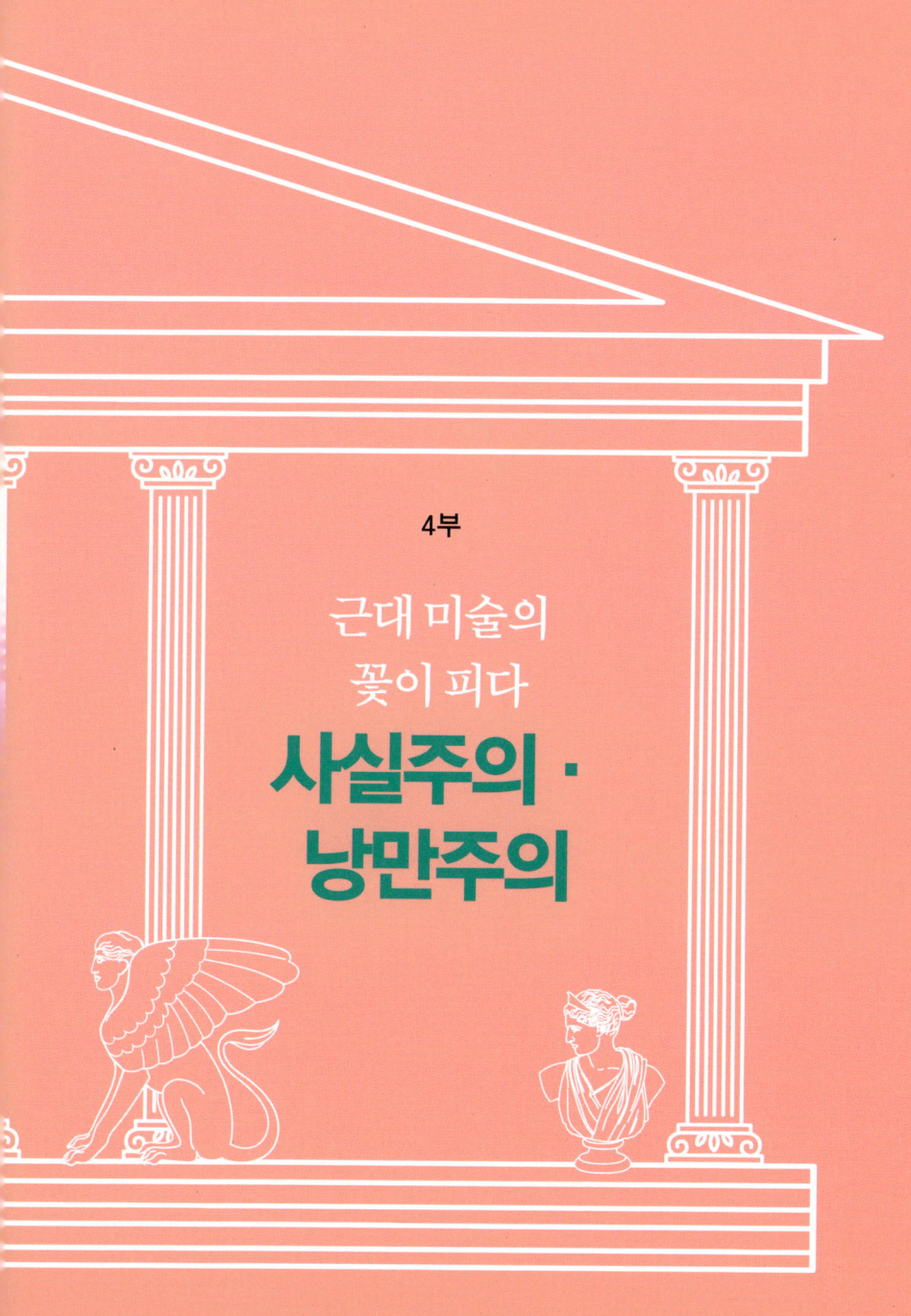

4부

근대 미술의
꽃이 피다
사실주의 ·
낭만주의

밀레

Q. 도시의 화려함을 버리고 전원을 택한 화가는?

'고향'은 언제나 편안함을 주는 따뜻한 단어입니다. 언제 돌아가도 늘 그대로 반겨주는 포근한 곳입니다. 밀레는 이런 자신의 고향을 사랑했습니다.

밀레 생가, 프랑스 바르비종

19세기 프랑스 인구의 대부분은 농사를 짓고 살았습니다. 어떻게 보면 그 당시 프랑스의 가장 보통 시간은 농사를 짓는 시간이라고 할 수 있습니다. 클래식 음악을 들으며 스테이크를 썰고, 그림을 감상하는 귀족들의 삶은 프랑스 사회에서 아주 일부분이었습니다. 프랑스의 작은 시골 바르비종에서 자란 밀레도 가족들과 함께 농사를 지으며 작은 것에 감사하는 삶을 살고 있었습니다.

　하지만 가족들은 밀레의 재능을 알고 그를 파리로 보냈고, 밀레는 이 시기를 가장 힘들어했습니다. 그가 좋아하는 평범한 시골의 삶을 그린 그림은 인기가 없었고 번번이 살롱전에도 떨어졌기 때문이죠. 그러다 1840년, 살롱전에 초상화가 당선되면서 돈을 벌기 시작하였고 드디어 본인이 그리고 싶던 그림을 마음껏 그릴 수 있게 되었습니다. 덕분에 그는 죽는 순간까지 바르비종을 그림에 담았습니다.

〈씨 뿌리는 사람〉(The Sower), 1850년, 장프랑수아 밀레, 캔버스에 유채, 미국 보스턴 미술관

〈만종〉(The Angelus), 1857~1859년, 장프랑수아 밀레, 캔버스에 유채, 프랑스 오르세 미술관

커다란 캔버스를 가득 채우는 것은 다른 것도 아닌 농부입니다. 농부의 역동적인 자세와 흘러내리는 듯한 옷감, 천의 질감을 사실적으로 표현했습니다. 고흐는 이 작품을 여러 번 따라 그렸습니다. 고흐 역시 농부의 삶과 노동에 관심이 많았고, 가장 존경하는 예술가로 밀레를 꼽을 정도였습니다.

농부와 그의 아내가 저녁 종소리를 들으며 기도하는 장면입니다. 당시 하루에 종이 세 번 울렸는데 마지막 종소리는 하루의 노동을 끝내고 감사하는 기도를 했습니다. 〈만종〉이 유명한 또 다른 이유는 아래쪽 감자 바구

〈이삭줍기〉(Gleaners), 1857년, 장프랑수아 밀레, 캔버스에 유채, 프랑스 오르세 미술관

니에 있습니다. 어느 날 관람객 중 한 명이 칼을 들고 〈만종〉을 찢어버린 사고가 있었습니다. 예술가와 과학자들이 모여 그림을 복원하기 위해 X선 촬영을 했죠. 그 순간, 모두가 놀랄만한 것이 등장했습니다. 감자 바구니가 있는 곳에 원래 네모난 상자가 있었고 그 부분을 물감으로 덮어 감자 바구니를 그렸던 것입니다. 과연 이 네모난 상자의 정체는 무엇이었을까요? 많은 사람들은 '관'이라고 생각했습니다. 밀레는 아이가 들어 있는 관을 두고 기도하는 장면을 담았을 것이라며 이야기했습니다. 사실 밀레의 그림들을 보면 농부의 힘든 삶을 포장하지 않고 그대로 그렸습니다. 만약 〈만종〉 속의 네모난 상자가 정말 관이었다면 세상에 이 그림이 나왔을 때 '지나치게 사

실적이라서 슬프다.'라는 비난을 피해 갈 수 없었을 것입니다. 이렇게 많은 궁금증을 가진 채 지금의 〈만종〉으로 남게 되었습니다.

밀레의 그림들을 살펴보면 농부들의 얼굴이 잘 보이지 않습니다. 모자와 두건에 그늘져 있어 표정을 읽기가 힘듭니다. 밀레는 이렇게 특정한 인물의 업적이 아닌 모든 농부들의 삶을 말해주는 그림을 그렸습니다. 농부라면 누구든 그의 그림 속 주인공이 될 수 있었지요. '농부 화가'라고도 불리는 밀레의 세상은 농민의 하루같이 묵묵한 시간과 닮았습니다. 그래서 그의 그림은 사람들의 마음에 더 가까이 와닿습니다. 노동하는 농부를 그림의 주인공으로, 노동의 가치를 최고의 주제로 삼았습니다. 하지만 절대 그림을 슬프게 그리지 않았습니다. 오히려 따뜻하고 아름다운 색으로 그렸지요. 돈과 명성을 쫓지 않던 밀레의 예술 인생은 오늘날까지 사람들에게 잔잔한 감동을 주고 있답니다.

게티 뮤지엄 챌린지

게티 뮤지엄 챌린지 The Getty Museum Challenge 는 2020년 5월, 미국 게티뮤지엄의 SNS에서 시작된 것으로, 코로나 팬데믹으로 힘든 시기를 보낸 전 세계인들에게 사랑받은 미술 놀이의 일종입니다. 주변에 있는 사물들을 활용해서 선택한 작품을 패러디하여 SNS에 공유하는 것이지요. 과도한 업무에 시달리던 의료종사자들과 집 안에만 머물러야 했던 사람들의 번뜩이는 아이디어가 돋보이는 작품들이 많이 공유되면서 큰 이슈가 되었습니다. 미국에서는 이 작품들을 모은《OFF THE WALLS》이라는 제목의 책까지 출간되었습니다.

> 생각해봐요

나만의 챌린지를 완성해 SNS에 공유해볼까요?

게티 뮤지엄 챌린지의 방식은 좋아하는 명화 작품을 고르고 집에 있는 소품 3가지를 이용해 그 작품을 재창조하는 것이랍니다. 나이, 국적, 그림 실력과 관계없이 누구나 예술가가 될 수 있는 활동이지요. 밀레의 작품 중 한 가지를 골라 집에 어떤 소품을 활용하면 좋을지 생각해봐요.

준비물

챌린지에 필요한 소품 3가지

놀이 방법

1. 선택한 밀레의 작품에 맞는 소품 3가지를 준비한다.
2. 소품을 활용해 작품과 비슷한 장면을 연출하고 사진을 찍는다.
3. 찍은 사진에 #gettymuseumchallenge(#게티뮤지엄챌린지) 태그를 걸어 SNS에 공유한다.

TIP

- SNS에서 #gettymuseumchallenge를 검색하여 세계인들이 올린 다양한 명화 작품 패러디를 참고해도 좋아요.

질문해봐요

Q. 조선 시대 인물들의 그림을 찾아 따라 해봐도 좋아요.

📖 초등 교과 연계 가이드

- 미술3~4 : 미술 작품 속 인물 되어보기
- 체육5~6 : 주제를 신체로 표현하기

Playground
2

외젠 들라크루아

Q. 삶의 고난과 괴로움을 버텨낸 그림들?

낭만주의 화가들은 상상력과 직관으로 강렬한 느낌을 전하고자 붓을 빠르게 움직였고, 강한 색감과 명암 대조를 사용했습니다. 외젠 들라크루아는 낭만주의의 모든 것을 보여주는 화가라 할 수 있답니다.

들라크루아는 세상의 모든 것을 그림 주제로 삼았습니다. 정해진 구도와 규칙을 벗어난 그의 그림은 정통을 중시하는 고전주의 화가들에게 비판의 대상이 되곤 했어요. 그래도 들라크루아는 좌절하지 않았습니다. 역사적인 사실과 문학에서 영감을 얻어 그림을 꾸준히 그렸고, 일곱 번이나 거절된 왕립 아카데미에 입회해 낭만주의를 이끌었죠. '낭만적이다'라는 단어를 국어사전으로 찾아보면 '현실에 매이지 않고 감상적이고 이상적으로 사물을 대하는 것, 감미롭고 감상적인 것'이라고 나옵니다. 19세기가 바로 그런 시대였는데요, 작품만 살펴봐도 '낭만'을 대체할 다른 낱말이 없을 것만 같습니다.

그가 그림을 그릴 때 '문학'은 빼놓을 수 없는 중요한 주제였어요. 독서광이었던 들라크루아는 그림을 판매한 돈으로 문학을 공부하러 영국으로 떠날 만큼 문학을 사랑했습니다. 소설과 시는 그에게 늘 영감을 주었어요. 들라크루아는 영국 다음으로 찾은 모로코에서 두 번째 그림 주제를 발견하게

〈사자 사냥〉(Lion Hunt), 1860~1861년, 외젠 들라크루아, 캔버스에 유채, 미국 시카고 미술관

됩니다. 바로 '이국적인 것'이에요. 그의 작품 〈사자 사냥〉을 보면 사자와 호랑이가 같이 등장하는데요, 그래서인지 동양과 서양의 경계가 모호해지고 그림에서 독특한 분위기가 느껴집니다.

들라크루아가 마지막으로 택한 주제는 역사였습니다. 그가 그린 작품 중 지금까지 많은 이들에게 충격과 감동을 일으키는 작품은 주로 전쟁사를 다루고 있어요. 19세기 유럽 대륙은 침략과 전투가 빈번했고, 그로 인한 학살이 여기저기서 일어났습니다. 들라크루아는 이런 유럽의 과거를 낭만주의 특유의 화풍으로 그려내 당대 현실의 처참함을 알렸습니다. 살롱전에 그의 그림이 등장했을 때 사람들은 폭력적이라며 외면했어요. 하지만 들라크루아가 그린 작품은 역사를 사실 그대로 전달하고 있는 소중한 자료이자 유산으로 우리 곁에 남았습니다.

그중 가장 유명한 〈민중을 이끄는 자유의 여신〉은 프랑스 7월 혁명을 그린 그림입니다. 그 시기 프랑스 민중들은 정해진 대로만 살아야 했고, 점점 가난해져 갔습니다. 이런 세상을 바꾸려는 사람들이 모여서 싸우기 시작했

〈민중을 이끄는 자유의 여신〉(Liberty Leading the People), 1830년, 외젠 들라크루아, 캔버스에 유채, 프랑스 루브르 박물관

고 많은 사람이 죽고 다쳤지만, 민중들은 멈추지 않았죠. 화가 들라크루아는 이 영광스러운 순간을 그림으로 남기고 싶었습니다. 미국의 자유의 여신상도 이 그림에서 모티브를 얻어 만들어졌습니다.

들라크루아는 종교, 신학, 역사, 문학, 풍속, 인물, 풍경, 정물 등 그야말로 모든 것을 그렸습니다. 벽화, 장식용 유화, 데생, 수채화, 파스텔화, 판화까지 표현 방법도 가리지 않았죠. 이렇게 예술을 열정적으로 탐구하면서도 절대 과장하거나 낭비하지 않았다는 게 대단하게 느껴집니다. 시인 보들레르가 "들라크루아는 열정에 열정적으로 사랑에 빠져있었으나, 열정을 표현하는 데에는 가능한 한 명료하고 냉정하게 다가갔다."라고 인정했을 정도입니다.

아이와 함께 ART PLAY

민중을 이끄는 나 만들기

〈민중을 이끄는 자유의 여신〉은 이루고 싶은 것을 얻기 위해 용기 내 맞서는 모습을 생생히 표현했어요. 여러분은 이루고 싶은 게 있나요? 만약 있다면 마음속으로 그 꿈이 이뤄지길 간절히 바라고 있겠군요. 결심하고 노력하는 자기 모습을 상상해서 그림 속 깃발과 여신의 표정을 완성해보는 시간이에요.

> 생각해봐요

용기를 내 자유를 위해 나선 사람들의 마음은 어땠을까요?

용기 있게 나선 사람들도 위험할 수 있는 상황에서 많이 무서웠을지도 모릅니다. 또한 자유를 원하는 간절한 사람들을 이끌며 앞으로 나섰던 자유의 여신은 어떤 마음이었을까요? 그 마음을 그림으로 표현해봐요.

준비물

자유의 여신 배경 도안(345쪽), 자유의 여신 사람 도안(343쪽), 채색 도구

놀이 방법

1. 내가 이루고 싶은 꿈을 생각한다.
2. 목표를 이끌어갈 나의 모습을 도안 속 여신 자리에 그려본다.
3. 내 꿈을 깃발 안에 그림으로 표현해본다.

> 질문해봐요

Q. 나의 어떤 꿈과 목표를 담아서 표현했어?

📖 **초등 교과 연계 가이드**

- 미술5~6 : 작품 속 숨은 이야기
- 국어5~6 : 인물이 추구하는 가치

Playground
3

존 컨스터블

Q. 19세기 영국을 대표하는 낭만주의 대가를 아시나요?

　존 컨스터블은 19세기 영국을 대표하는 풍경 화가로 일평생을 고향에서 보냈습니다. 그가 태어나고 자란 영국의 서퍽주는 변화무쌍한 날씨가 특징이었는데, 이는 컨스터블이 고향을 주로 그리게 한 원동력이기도 했어요.

〈배의 잠금장치 연구〉(Study of a Boat Passing a Lock), 1823~1826년, 존 컨스터블, 캔버스에 유채, 호주 빅토리아 미술관

컨스터블은 영국의 일상 풍경을 과장하지 않고 있는 그대로 충실히 표현했습니다. 하지만 사람들은 컨스터블의 작품에 크게 관심을 보이지 않았지요. 당시 풍경화라면 신화 같은 신성한 내용을 그리는 게 유행이었기 때문이죠. 하지만 컨스터블은 자신이 보고 느끼는 풍경의 모습을 주의 깊게 살피고 연구해 그림으로 표현했어요.

　그는 시골의 고즈넉한 풍경과 아늑함을 더 잘 표현하기 위해 다양한 기법을 연구했습니다. 밝게 빛나는 부분은 작은 흰점으로 그렸고, 풀잎의 생기는 붉은 점으로 포인트를 줬습니다. 지금이야 반짝이는 느낌을 줄 때 흰색 물감을 사용해야 한다고 누구나 생각하지만, 당시에는 독창적인 시도였던 것 같아요. 이 작고 하얀 점을 비판하는 사람들도 있었다는 걸 보니 말이죠. 물론 지금은 그가 보조 색상으로 표현력을 높인 방식이 풍경화를 그릴 때 중요한 기법이 되었고, 이후 풍경화를 그리는 많은 화가에게 영감을 주었답니다.

　이러한 노력에도 불구하고 컨스터블은 39세 나이가 되도록 작품을 한

〈에섹스주 위벤호 공원〉(Wivenhoe Park, Essex), 1816년, 존 컨스터블, 캔버스에 유채, 미국 워싱턴 내셔널갤러리

점도 팔지 못했습니다. 영국의 아름다운 풍경을 그림에 담으려 끊임없이 노력한 컨스터블은 결국 45세 나이에 자국이 아닌 이웃 나라 프랑스에서 실력을 인정받게 됩니다. 컨스터블의 그림을 구매한 프랑스 상인이 〈건초 마차〉(The Haywain, 1821년)를 프랑스 파리 살롱에 출품했고, 곧이어 금메달을 수상하며 프랑스 미술계에서 인기가 급부상한 것이죠. 외젠 들라크루아는 컨스터블의 작품에 감명을 받아 자신의 그림 〈키오스섬의 학살〉을 다시 채색했다는 말까지 들려오고 있답니다.

컨스터블은 '6피트 크기'의 캔버스에 연작으로 그린 작품들로도 유명합니다. 앞에서 소개한 〈건초 마차〉 또한 6피트 캔버스 연작 중 하나죠. 6피트 캔버스 연작 중 가장 먼저 그린 그림은 〈백마〉라는 작품입니다. 180센티미

〈백마〉(The White Horse), 1818~1819년, 존 컨스터블, 캔버스에 유채, 미국 워싱턴 내셔널갤러리

터가 넘는 거대한 캔버스에 담은 풍경은 웅장하면서도 친근해서 전시를 보러 온 사람들의 마음을 사로잡았다고 해요.

컨스터블은 야외에서 작품을 그린 최초의 화가이기도 합니다. 풍경을 관찰한 느낌을 그대로 담아내기 위해 그림을 그릴 때마다 날짜, 시간, 바람, 햇빛, 기온 등을 캔버스 뒷면에 기록했어요. 이렇게 밖에서 그린 그림은 대부분 유화로 습작을 한 것이고, 화실로 돌아오면 습작한 작품을 들여다보며 본 작품을 마무리했습니다. 지금은 그의 습작들까지도 최종 작품 못지않게 찬사를 받고 있습니다. 습작 자체도 묘사와 표현력이 세밀해서 작품성을 인정받았기 때문이에요.

아이와 함께 ART PLAY

낭만주의 풍경화 그리기

컨스터블은 자신이 가장 사랑하는 장소를 잘 그리기 위해 어떤 노력을 했을까요? 그건 바로 가까이에서 자세히 관찰하며 그린 것이지요. 그전까지 화가들은 대부분, 미술 도구들이 무겁고 커서 화실에서만 그림을 그렸습니다. 지금처럼 쉽게 밖으로 가지고 나가기 어려웠던 것 같아요. 하지만 컨스터블은 이 불편함을 무릅쓰고 야외에서 그림을 그렸습니다. 야외에서 연습 삼아 습작으로 그린 뒤 작업실로 돌아와 완성작을 다시 그린 것이죠.

관찰해봐요

오감으로 그림을 그려볼까요?

컨스터블은 습작할 때도 바깥 경치를 그냥 눈으로만 본 게 아니었다고 해요. 그날의 날짜와 햇살, 바람, 온도 등을 캔버스 뒷면에 기록했고, 때마다 조금씩 다른 구름의 모양, 바람의 방향 같은 것들도 세밀히 관찰하고 기록했어요. 우리도 컨스터블처럼 풍경화를 그리고 싶은 장소를 정해 어떻게 표현하면 좋을지 세심히 관찰해봐요.

포항으로 캠핑을 왔다. 바다가 보이는 곳에 텐트를 치고 아빠와 엄마와 함께 모닥불을 지폈다. 밤이라서 추웠지만 불 옆은 난로처럼 따뜻했다. 타닥타닥 나무가 타는 소리가 좋았다. 어두워져서 달이 더 잘보였다. 바다에 비친 달이 엄청 컸다. 나무가 타면서 구수한 냄새를 냈고, 하늘은 푸른 빛을 내는 지금 난 행복하다. 다음에 또 이곳에서 고기를 구워먹으며 캠프 파이어를 하고싶다.

준비물

도화지, 연필, 지우개, 채색 도구

놀이 방법

1 그림에 담을 장소를 선택한다.
2 원하는 곳에 자리를 잡은 후 장소의 이름, 날짜, 그날의 날씨, 분위기, 기분 등을 기록한다.
3 경치를 보며 눈에 보이는 것을 그림으로 그려낸다.

TIP

- 눈에 보이는 것을 전체적으로 담되 기분과 풍경을 잘 표현할 수 있도록 도와주세요.
- 태블릿PC가 있다면 그림 그리는 어플을 활용해도 좋아요.
- 아이가 그리는 과정을 좋아하면 작은 습작 노트를 만들어 좋아하는 장소나 주변 풍경을 그리고 기록할 수 있게 해주세요.

질문해봐요

Q. 가장 좋아하는 장소는 어디야? 그 장소에 가면 어떤 생각이 들어?

Q. 오늘 날씨와 너의 기분을 같이 떠올려볼까?

📖 초등 교과 연계 가이드

- 미술3~4 : 오감으로 주변 탐색하기
- 미술5~6 : 풍경 표현하기
- 국어1~2 : 나의 경험 떠올려 쓰기

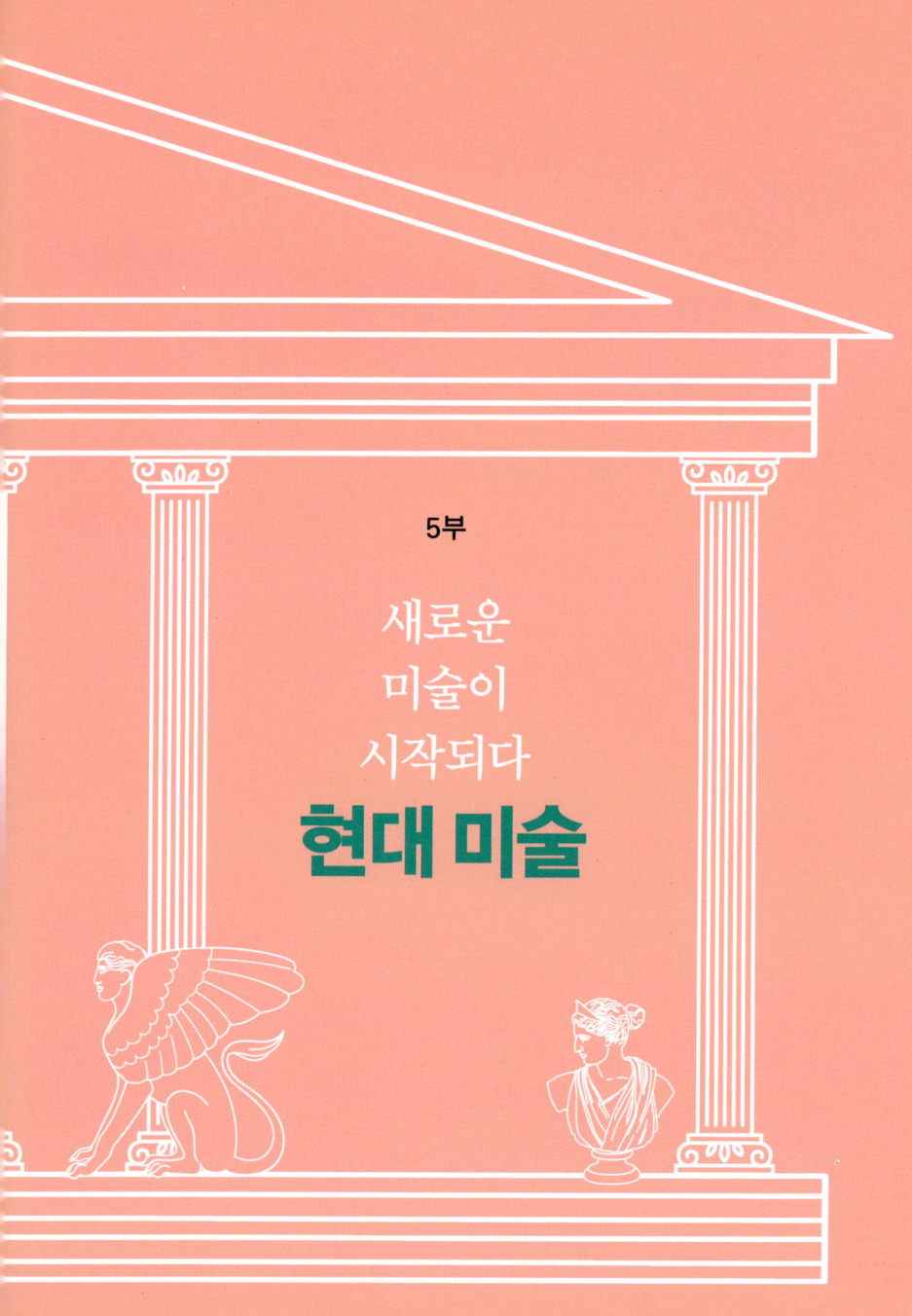

5부

새로운
미술이
시작되다
현대 미술

구스타프 클림트

Q. 황금처럼 빛나고 반짝이는 그림의 제목은?

구스타프 클림트라는 화가 이름을 들어보신 적 있나요? 아마 많은 이들이 클림트라는 이름을 들으면 금실로 수놓은 듯 화려한 이미지를 떠올릴 거예요. 실제로 그는 화려하며 장식적인 면을 추구한 상징주의 화가였습니다.

어릴 적 클림트는 빈 응용미술 학교에 입학해 회화뿐 아니라 수공예 장식 교육까지 받았습니다. 이때 배운 것들로 1880년대 말 새로 생긴 극장이나 박물관 벽에 장식화를 그리기 시작했어요. 그때부터 장식 미술 분야에서는 자연스럽게 명성이 따라왔습니다. 금 세공사이자 판화가인 아버지의 영향으로 작품을 그릴 때 금을 주로 사용했습니다.

1892년, 클림트는 아버지와 동생을 잃게 됩니다. 이때 그의 인생에 큰 전환기를 맞이하죠. 더는 전통적인 미술에 의존하지 않기로 하고, 인간의 깊은 내면에 접근하고자 마음먹었습니다. 뜻이 맞는 친구들과 '빈 분리파'를 결성하고 후원자를 모집합니다. 후원자들이 성금을 보내면 그는 보답으로 후원자의 가족 초상화를 그려줬습니다. 〈메다 프리마베시〉도 그중 하나입니다. 클림트는 메다의 초상화에 아름다운 꽃무늬를 함께 그렸습니다.

클림트의 작품은 점점 관능적인 미를 추구하게 됩니다. 그래서 빈 대학

〈메다 프리마베시〉(Mäda Primavesi), 1912~1913년, 구스타프 클림트, 캔버스에 유채, 미국 메트로폴리탄 미술관

교 대강당 천장에 벽화를 의뢰받았을 때 그린 그림으로 큰 비난을 받습니다. 지나치게 외설적이라는 이유였어요. 이후 클림트는 공공작품 의뢰를 전면 거부합니다. 그리고 그의 그림 양식은 더욱 독자적인 길로 접어들었죠. 기하학적이고 추상적인 양식으로 변모하면서 독창성이 도드라지게 되는데, 그는 금과 여러 패턴을 활용해 작품을 완성합니다. 이때가 바로 클림트의 '황금시대'라 불리던 시절이며, 유명 작품도 이 시기에 많이 나왔습니다.

1905년, 요제프 호프만이라는 유명한 건축가가 저택을 지으며, 클림트에게 벽화를 의뢰했습니다. 클림트는 〈기다림(생명의 나무)〉이라는 주제로 모자이크 벽화를 그렸습니다. 여인을 둘러싸고 있는 구불구불한 나무줄기가 돋보이는 이 작품은 유리, 산호, 자개, 보석 같은 재료를 활용해서 고급스럽고 우아한 분위기를 완성시켰습니다.

56세 비교적 이른 나이로 세상을 떠났지만, 클림트는 자신만의 독창적인 양식을 이루었습니다. 그가 살던 시대의 오스트리아 빈을 알면 클림트의 그림이 더 잘 이해가 되기도 합니다. 클림트가 살던 오스트리아 빈은 예술과 문화의 도시였고, 거리는 화려하고 멋진 옷을 입은 사람들로 늘 북적였습니다. 그의 작품은 특히 당대 유행하던 '아르누보' 양식의 영향을 크게 받았습니다. 19세기 말부터 20세기 초, 프랑스를 중심으로 시작된 아르누보 양식은 곡선의 미를 강조하며 건축, 공예, 회화, 디자인 등 다양한 예술 분야에 영향을 미쳤습니다. 덩굴식물의 꼬인 줄기를 나타낸 문양, 구불구

〈기다림(생명의 나무)〉(Expectation(from Tree of Life)), 1905~1909년, 구스타프 클림트, 패널에 템페라와 수채, 오스트리아 응용미술 박물관

〈연인(키스)〉(Liebespaar(Kuss)), 1907~1908년, 구스타프 클림트, 캔버스에 유채, 오스트리아 벨베데레 오스트리아 갤러리

불한 선, 섬세한 꽃무늬 패턴 등이 특징입니다.

   클림트의 대표작 〈연인(키스)〉을 살펴보면 그 어떤 작품보다도 화려한 분위기와 서정성이 돋보입니다. 이 그림을 그릴 때 금박이나 은박은 주로 꿀과 접착제를 활용해 붙였다고 합니다. 클림트는 인간과 인간의 상호작용으로 그 내면을 보여주기 위해 노력했습니다. 하지만 지나치게 에로틱하게 표현해 사람들의 비난을 받기도 했죠. 때로 퇴폐적인 작품으로 사람들을 놀라게 했지만, 섬세하면서도 반항적인 그의 새로운 시도가 있었기에 미술계의 새로운 지평을 열 수 있었던 게 아닐까요?

아이와 함께 ART PLAY

황금빛 화가의 색채 따라 하기

그림을 그릴 때 눈으로 보이는 것보다 더 화려하게 그릴 방법이 있을까요? 멀리서 봐도 반짝반짝 빛나게 말이죠. 클림트는 금과 은처럼 반짝이는 재료를 많이 사용해서 한눈에 화려함이 들어오도록 그렸지요. 다양한 무늬로 꾸미기까지 해서 사랑하는 사람들의 모습을 더 아름답게 표현했습니다. 우리도 클림트처럼 사랑하는 사람의 모습을 가장 아름답고 화려하게 그려보면 어떨까요?

준비물

도화지, 펜, 반짝이 색종이, 가위, 풀, 채색 도구, 가족사진

놀이 방법

1. 가족사진의 어떤 장면을 표현할 것인지 이야기한다.
2. 밑그림을 그리고, 장식에 사용할 반짝이 색종이를 고른다.
3. 밑그림을 채색하고 색종이를 잘라서 원하는 곳에 붙인다.
4. 나머지 남은 공간은 여러 가지 무늬를 넣어 화려하게 장식한다.

TIP

- 가족사진이 아니라 좋아하는 인형 또는 반려동물과 찍은 사진을 활용해도 좋아요.
- 클림트의 그림을 프린트한 뒤 콜라주 형식으로 가족의 얼굴 사진을 붙여서 표현하는 방법도 있어요.
- 반짝이 색종이 대신 주방에서 사용하는 알루미늄 포일을 구겼다 펴서 작품 재료로 활용할 수 있어요.

질문해봐요

Q. 가족사진을 화려하게 꾸며보니 어때? 가족의 분위기가 더욱 화사해진 거 같아?

> 📖 **초등 교과 연계 가이드**
> - 즐거운 생활 : 가족에게 고마움 표현하기
> - 도덕3~4 : 가족의 소중함 알기

앙리 마티스

Q. 사물의 색을 마음으로 읽는 법은?

때때로 아주 사소한 일 하나로 사람의 인생이 송두리째 바뀌는 것을 보게 됩니다. 20세기 현대 미술의 거장, 앙리 마티스도 생각지 못한 일로 화가가 되었습니다.

〈이카루스〉(Icare), 1946년, 앙리 마티스, 색종이 콜라주, 프랑스 퐁피두센터

법조계에서 일하는 아버지를 따라 법률사무소에 다니던 평범한 직장인 마티스는 맹장염으로 병원에 입원한 날, 옆자리에서 그림을 그리는 환자를 따라 붓을 들었습니다. 무료함을 달래고 싶었던 거였죠. 이후 마티스는 죽기 직전까지 붓을 잡는 사람이 되었습니다. 퇴원 후 일상으로 돌아가서도 마티스는 온통 그림만을 생각했습니다. 스물두 살의 마티스는 결국 집안의 반대를 무릅쓰고 파리로 떠나 미술계에 발을 디디게 되었죠.

    하지만 예술가가 되고 싶어서 일생을 바친 수많은 지망생을 마주하자 그는 자신이 없어졌습니다. 자기보다 어린 학생들과 함께 미술의 기초를 공부하고 거장의 작품을 연구했지만, 마티스는 항상 자신의 그림에 아쉬움을 느꼈습니다. 그림 실력이 늘지 않는 것 같았고, 자기만의 색이 없다는 느낌이 들었지요. 그러다 문득 이런 생각을 하게 됩니다. '왜 사람들은 눈에 보이는 색으로만 그림을 그리려고 할까?' 그때부터 마티스는 눈에 보이는 색이 아닌 '내가 느끼는 색'으로 채색하기 시작했습니다.

〈겸손〉(La pudeur(L'Italienne)), 1906년, 앙리 마티스, 패널에 유채, 개인 소장

대표적인 작품으로 〈모자를 쓴 여인〉과 〈겸손〉을 들 수 있습니다. 마티스는 여인의 얼굴을 하늘색과 초록색, 노란색 등으로 칠했습니다. 이런 과감

한 채색을 보고 사람들은 '야수같이 포악하다'며 비아냥거렸습니다. 그래도 마티스는 굴하지 않았습니다. 계속해서 강렬한 색감으로 그림을 그렸습니다. 야수파는 그렇게 태어났습니다.

마티스는 나이 일흔에 드디어 거장이 되었습니다. 길고 긴 시간 동안 기쁨을 그리려 했던 이 화가의 마음은 '2차 세계대전'이라는 역사적인 비극도 꺾지 못했습니다. 강렬한 푸른빛과 밝은 노란빛의 어우러짐이 인상적인 단순한 그림, 1946년에 완성한 〈이카루스〉(189쪽)를 보면 힘찬 에너지와 자유로움이 느껴집니다. 마티스는 이렇게 색으로 기쁨을 표현했습니다. "나는 지쳐버린 사람에게 조용한 휴식처를 제공하는 그림을 그리고 싶다." 그가 남긴 말을 보면 지친 마음을 다시 추스를 수 있을 것만 같지요.

말년에 대장암에 걸려 손에 붓을 쥐기조차 쉽지 않을 때도 마티스는 멈추지 않았습니다. 가위로 색종이를 오려서 다양한 느낌을 표현하기 시작했죠. 색종이의 선명한 색은 마티스의 느낌을 나타내기 충분한 재료였습니다. "가위는 연필보다 감각적이다."라고 말한 그는 죽음을 앞둔 순간에도 절망을 희망으로 바꾸는 멋진 화가였습니다. 그와 동시대에 예술 활동을 한 피카소는 마티스에 대해 이렇게 정의합니다. "마티스는 뱃속에 태양을 품은 것 같다. 그의 색깔은 마치 태양의 색과 같다." 색의 편견을 깨고 표현의 벽을 허문 마티스가 우연히 붓을 잡았던 건 이 시대를 살아가는 우리에게 너무도 다행스러운 일입니다.

아이와 함께 ART PLAY

색종이로 그림 그리기

마티스는 암에 걸려 더는 그림을 그릴 수 없게 되었을 때조차 가위와 색종이를 사용해 그림을 그렸습니다. 그는 이 작업을 '가위로 그린 그림'이라 불렀습니다. 그가 색종이로 그린 여러 장의 그림은 나중에 《재즈(Jazz)》라는 책으로 출간되기도 했지요. '재즈'라는 음악 장르를 따라서 즉흥적이면서도 자유롭게, 형식에 갇히지 않고 그렸다는 의미를 담았습니다. 그래서 이 책 속에 등장하는 달팽이와 강아지, 앵무새, 코끼리 등의 동물도 우리가 알고 있는 모습과 사뭇 다른 모습들이랍니다.

> 생각해봐요

색종이 그림을 탄생시켜 볼까요?

우리도 마티스처럼 색종이를 오려 작품을 만들어볼 거예요. 마티스라면 어떤 색을 사용했을까요? 눈을 감고 그리고 싶은 사물을 먼저 떠올려요. 그리고 어울리는 색도 머릿속으로 구상해봐요. 누구나 마티스처럼 형형색색 조각으로 그림을 그릴 수 있답니다. '이 색을 써도 될까?'라고 고민할 필요 없어요. 처음 떠오른 그 색이 정답이니까요.

〈토끼와 거북이〉

준비물

도화지, 색종이, 가위, 풀

놀이 방법

1. 어떤 주제로 색종이 그림을 그릴지 정한다.
2. 정해진 주제에 맞게 색종이를 오려 조각을 만든다.
3. 색종이 조각을 풀로 붙여 작품을 완성한다.

TIP

- 재즈 음악을 들으며 즉흥적인 느낌을 색종이 조각으로 표현해봐도 좋아요.

질문해봐요

Q. 왜 이 색깔의 색종이를 골랐는지 알려줄 수 있을까?

📖 **초등 교과 연계 가이드**

- 미술3~4 : 조형 요소로 표현하기
- 수학1~2 : 평면도형으로 꾸미기

피에트 몬드리안

Q. 형태와 성질을 단순화하면 네모가 된다고?

네모는 네 개의 선과 하나의 면으로 이루어진 도형입니다. 이 네모에 푹 빠진 화가가 있습니다.

〈달밤의 헤인 강변 동쪽 풍차〉(Oostzijdse Mill along the River Gein by Moonlight), 1903년, 피에트 몬드리안, 캔버스에 유채, 네덜란드 암스테르담 국립박물관

 네모에 빠진 화가는 바로 피에트 몬드리안입니다. 그가 태어난 네덜란드에서는 차분한 느낌의 정물화와 풍경화가 유행하고 있었습니다. 물론 몬드리안도 처음에는 이런 그림을 그렸습니다. 그의 〈달밤의 헤인 강변 동쪽 풍차〉를 보면 여느 풍경화와 다르지 않습니다. 하지만 그 뒤로 이어진 '풍차' 연작을 살펴보면 색감과 형태가 점점 단순해집니다. 또한 연작 마지막 작품인 〈빨간 풍차〉(The Red Mill, 1911)는 오로지 파란색과 빨간색 물감으로만 그려졌죠.

 그를 추상화의 세계로 이끈 것은 '색'과 '선'이라는 존재였습니다. 그의 '나무' 연작 작품을 살펴보면 이해가 더 쉬울 수 있습니다. 강렬한 느낌의 울창한 나무를 그린 〈붉은 나무〉(The Red Tree, 1908-1910) 작품에서 다음 〈사과나무, 점묘 기법〉 작품으로 가면 선으로 변화합니다. 그다음 작품은 네모, 연작의 마지막 작품 〈장면 2, 구성 Ⅶ〉에서는 가장 단순한 형태의 기하학 패턴으로 표현되었습니다. 이렇듯 연작을 통해 점점 고조되는 추상

위: 〈사과나무, 점묘 기법〉(Apple Tree, Pointillist Version), 1908~1909, 피에트 몬드리안, 캔버스에 유채, 네덜란드 헤이그 미술관
아래: 〈장면 2, 구성 Ⅶ〉(Tableau No. 2, Composition No. Ⅶ), 피에트 몬드리안, 캔버스에 유채, 네덜란드 헤이그 미술관

성을 뚜렷하게 보여줍니다.

그리고 1921년 작품인 〈노랑, 검정, 파랑, 빨강 그리고 회색의 마름모 구성〉을 보면 그의 전유물이라고도 할 수 있는 그리드(격자)와 삼원색만이 남습니다. 이후 몬드리안은 도시의 모습마저도 비구상적인 형태로 그리기 시작합니다. 미국 엠파이어스테이트빌딩 꼭대기 102층에서 그린 〈브로드웨이 부기우기〉(Broadway Boogie-Woogie, 1943)는 뉴욕의 생동감을 가장 단순한 형태의 추상화로 완성한 작품입니다.

몬드리안은 삼원색과 네모만으로 세상 모든 것을 표현할 수 있다는 사실을 보여주었습니다. 그의 작품을 보고 있으면 단순함에서 느껴지는 특유의 아름다움이 있습니다. 그래서인지 몬드리안의 그림은 건축가, 디자이너, 아티스트 등 수많은 예술가에게 시대를 초월하여 여전히 큰 영감을 주고 있습니다.

〈노랑, 검정, 파랑, 빨강 그리고 회색의 마름모 구성〉(Lozenge Composition with Yellow, Black, Blue, Red, and Gray), 1921년, 피에트 몬드리안, 캔버스에 유채, 미국 시카고 미술관

아이와 함께 ART PLAY

네모와 빨강, 파랑, 노랑으로 그린 세계

몬드리안은 곧은 선과 빨간색, 파란색, 노란색 네모만 가지고 세상을 표현했어요. 비스듬하거나 구불구불한 선도, 동그라미도 없는 딱딱한 세상이지만, 그림을 가만히 보고 있으면 몬드리안이 뭘 말하고 싶은지 보이기 시작합니다. 우리도 몬드리안처럼 세상을 네모로 표현해보면 어떨까요?

> 생각해봐요

어느 날, 갑자기 집 안의 모든 물건이 네모가 되었다고 상상해보세요. 안경도 네모, 밥그릇도 네모, 화분에 핀 꽃도 네모. 그리고 그것들은 모두 빨간색, 파란색, 노란색 또는 흑백으로 되어 있답니다. 그럼 지금부터 상상 속 네모난 세상을 색종이 조각들로 탄생시켜볼까요?

> 준비물

도화지, 빨간색·노란색·파란색·검은색 색종이, 가위, 풀

> 놀이 방법

1. 네모로 표현하고 싶은 장면을 떠올리거나 물건, 사진을 준비한다.
2. 빨간색, 노란색, 파란색, 검은색 색종이를 네모 조각으로 자른다.
3. 도화지에 색종이 조각을 이어 붙여 표현하고 싶은 형태와 구도를 완성한다.

> 질문해봐요

Q. 네모로 이뤄진 세상은 어떤 느낌이야?

> 📖 **초등 교과 연계 가이드**
> - 미술3~4 : 색의 아름다움
> - 수학1~2 : 평면도형으로 꾸미기

Playground 4

마르쉘 뒤샹

Q. 예술은 만들어내는 것이 아니라 발견하는 것이다?

현대 미술의 새로운 기법으로 꼽히는 레디메이드^{Ready-made}는 이미 만들어진 기성품을 선택해 새로운 '작품'으로 재탄생시키는 작업을 말합니다.

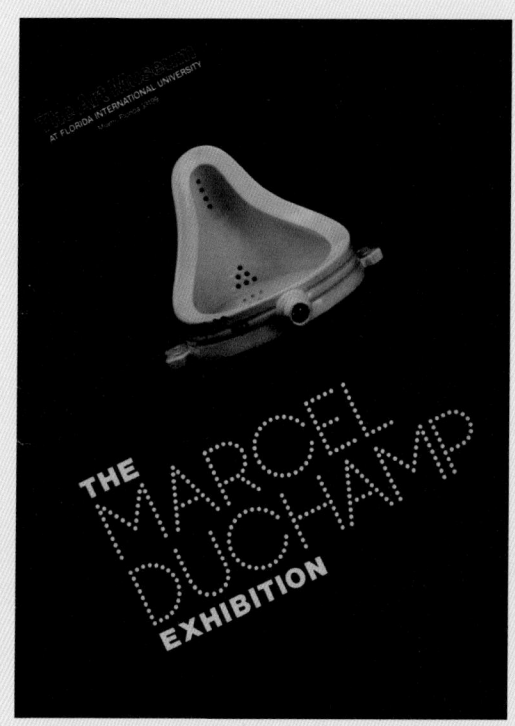

〈샘〉(Fountain, 1917) 이미지를 넣어 제작한 마르쉘 뒤샹의 전시 카탈로그로, 1985년도에 배포되었다.

현대 미술의 거장 마르셀 뒤샹은 예술은 만들어내는 게 아니라 발견하는 것이라 주장했습니다. 그렇다면 '미술 작품'은 과연 어떻게 정의할 수 있을까요? 아름다운 것만이 '미술'이라고 한다면, 그 아름다움은 누가 정하는 것일까요? 예술가들은 끊임없이 작품을 만들어야만 그 예술성과 미학을 증명할 수 있는 존재일까요? 뒤샹은 참가비만 내면 누구나 전시할 수 있다는 미술전에 〈샘〉(Fountain, 1917)을 출품했지만, 이 작품은 사람들 앞에 서 보지도 못한 채 창고로 직행했습니다. 대회를 주최한 사람들은 "원래 자리에서는 매우 유용한 물건일지언정, 그 자리는 미술 전시회가 될 수 없으며, 미술 작품이라는 정의에도 적합하지 않다."라고 말했습니다. 만약 뒤샹이 자신의 이름을 걸고 출품했다면 평가가 달라졌을지도 모릅니다. 모든 물건은 쓰임이 정해져 있습니다. 숟가락이 필통에 꽂혀 있다고 생각해보세요. 어떤 느낌이 드나요? 보통은 숟가락을 꺼내 수저통으로 옮겨 놓을 테지요. 하지만 뒤샹은 그렇지 않았습니다. 전혀 상상하지 못한 곳에 물건이 놓여

있어도 그 자체로 '예술'이 될 수 있다고 말했습니다. 변기에 사인해 미술전에 출품한 그의 패기를 보면 묘한 설득력이 느껴집니다. 이 작품이 그 유명한 〈샘〉입니다. 뒤샹은 자신의 명성을 숨기고 가명으로 이 레디메이드 작품을 출품했습니다. 변기를 뒤집어 세우면 물이 솟아오르기 때문에, 작품명을 〈샘〉이라고 지었습니다. 이 작품을 기점으로 레디메이드 기법이 일반화되었습니다.

뒤샹은 미술에 관한 고정관념을 무용지물로 만들었습니다. 하얀 캔버스 혹은 한 덩어리의 돌에서부터 출발하는 것만이 '예술'이라 정의하는 사람들에게 콧방귀를 날렸습니다. 눈에 보기에 예뻐야만 아름다운 게 아니라는 그의 말을 작품으로 증명한 셈이죠. 뒤샹이 미술에서 가장 중요하게 다룬 관점은 '다르게 보기'입니다. 어떻게 다른지를 느끼는 건 작품을 보는 사람의 몫입니다. 작가가 다르게 해석한 세계를, 보는 사람들이 받아들이고 인정하면 예술의 범위는 세상 전체가 됩니다.

그의 또 다른 작품 〈자전거 바퀴〉(Roue de Bicyclette, 1913)는 등받이가 없는 나무 의자와 녹슨 자전거 바퀴를 결합한 다소 낯선 모습입니다. 하지만 이 작품은 나무와 금속을 이용한 '움직이는 조각'으로 평가받고 있습니다. 자전거 바퀴가 돌 때는 바퀴의 살 모습이 사라지지만, 움직임이 멈추면 다시 모든 부속물이 자세히 보입니다. 작품을 대면했을 때 느끼는 충격, 가만히 바라보며 깊이 사유할 수 있는 여유도 결국 예술의 일환이 아닐까요? 뒤샹의 시선으로 주변을 둘러보면 세상은 정말 재미있는 공간이 됩니다. 더불어 어렵게만 느껴지던 현대미술이 더 친근하게 느껴질 수 있을 것입니다.

아이와 함께 ART PLAY
나만의 레디메이드

뒤샹의 작품 〈L.H.O.O.Q. 수염 난 모나리자〉(L.H.O.O.Q. La Joconde, 1919)는 유명한 명화 〈모나리자〉가 인쇄된 엽서 위에 수염을 그려 넣어 완성했어요. 이렇게 주변에 있는 기성품을 다르게 해석한 뒤샹의 시각은 조금 장난스러우면서도 완전히 새로운 시각을 선물해주는 놀라운 힘이 있습니다. 우리도 뒤샹처럼 주변에 있는 물건을 골라서 다른 방법으로 표현해보면 어떨까요?

> 생각해봐요

어떤 초상화를 새롭게 꾸며볼까요?

뒤샹이 재탄생시킨 모나리자처럼 우리도 기존에 있는 초상화 작품을 전혀 다른 사람처럼 꾸며봐요. 나이 또는 성별이 바뀌어도 좋고, 직업이 바뀌는 것도 재밌을 거예요.

준비물

뒤샹 도안1·2(347~349쪽), 채색 도구

놀이 방법

1. 도안에 추가하고 싶은 요소를 그려 넣는다.
2. 새롭게 만든 작품과 어울리는 제목을 지어 완성한다.

> 질문해봐요

Q. 뒤샹이 변기를 뒤집어 〈샘〉이라고 이름 지었던 것처럼, 우리 집에 있는 물건을 뒤집거나 다르게 활용해 작품을 만든다면 어떤 물건이 좋을까요?

📖 **초등 교과 연계 가이드**
- 미술3~4 : 상상하여 이어 그리기
- 미술5~6 : 작품 제목 새롭게 짓기

르네 마그리트

Q. 익숙한 물건, 비현실적인 장소?

르네 마그리트는 일상에서 쉽게 볼 수 있는 사물을 비현실적인 장소에 놓고 그린, 초현실주의를 대표하는 화가입니다.

⟨사람의 아들⟩(Son of Man, 1964) 작품을 담은 우표, 2016년

 어릴 적부터 새롭고 재미난 것들을 많이 경험한 마그리트는 또래 친구들보다 상상력이 풍부했습니다. 친구들과 자주 놀러 가던 공동묘지에서 그림을 그리고 있는 화가를 만난 뒤 그도 상상을 불어넣은 그림을 그리기 시작했습니다. 1916년에 예술학교에 입학해 본격적으로 그림을 배웠지만, 고전적인 화풍보다 자신이 상상하는 것을 그리고 싶었습니다. 학교를 졸업하고 돈을 벌기 위해 포스터와 벽지를 디자인하던 마그리트는 어느 날 책에 실린 이탈리아 화가 조르조 데 키리코의 〈사랑의 노래〉(The Song of Love, 1914)를 보게 됩니다. 작품을 보고 한눈에 반한 마그리트는 그림으로 전혀 다른 이야기를 할 수 있다는 사실을 깨달았습니다.

 꿈과 무의식의 세계를 주로 그리던 또 다른 초현실주의 화가 달리와 마그리트는 자신만의 개성이 드러나는 작품을 그렸습니다. 친숙하고 일상적인 사물을 전혀 예상하지 못한 낯선 장소에 두거나 사물의 크기를 왜곡하는 '데페이즈망 기법'을 활용했죠. 마그리트는 이렇게 그린 그림으로 사람들의 고정관념을 깨고, 사물이 가지는 본래 의미를 되새기도록 유도했습니다.

마그리트의 대표작으로 〈이미지의 배반〉(The Treachery of Images, 1929)이 있는데, 파이프를 그리고 아래에 '이것은 파이프가 아니다'라는 문구를 적었습니다. 파이프를 그린 그림일 뿐 진짜 파이프가 아니라는 뜻이

〈리스닝 룸〉(The Listening Room(La Chambre d'Ecoute)), 1952년, 르네 마그리트, 캔버스에 유채, 미국 메닐 컬렉션

었죠. 이렇게 그는 익숙한 사물과 생각을 낯설게 느껴지도록 하는 화가였습니다.

마그리트가 남긴 작품은 지금까지도 현대 미술은 물론 다방면의 분야에 영향을 미치고 있습니다. 우리가 잘 알고 있는 애니메이션 영화〈하울의 움직이는 성〉은 마그리트의〈피레네의 성〉(Le chateau des Pyrenees, 1959) 그림에서 모티프를 얻었습니다.〈리스닝 룸〉에 등장하는 방 안을 가득 채운 푸른 사과는 영국 록 밴드 비틀스가 설립한 애플 레코드Apple Records의 로고와 음반 디자인, 스티브 잡스가 1976년에 설립한 전자제품 제조 기업 애플의 로고 형성에 영향을 줬습니다. 사람들에게 화가 대신 '생각하는 사람'으로 불리길 원했던 초현실주의 화가 마그리트, 그 소망은 충분히 이뤄진 것 같습니다.

아이와 함께 ART PLAY
내 물건이 낯선 장소에

마그리트는 물건이나 대상을 전혀 상상할 수 없는 새로운 장소에 옮겨둔 재미있는 그림을 많이 그렸어요. 그의 작품 〈사람의 아들〉(Son of Man, 1964)을 보면 중절모를 쓴 신사의 얼굴이 사과로 되어 있습니다. 그리고 '이건 사과가 아니다'라고 적었지요. 마그리트의 작품을 보는 사람들은 그의 놀라운 상상력에 여전히 감탄하고 있답니다.

생각해봐요

엉뚱한 상상을 그림 속에서 펼쳐볼까요?

마그리트의 그림에는 사과, 나무, 달, 모자 등 익숙한 물건이 자주 등장해요. 하지만 그 물건들은 언제나 의외의 장소에 있고, 상상할 수 없는 크기로 혹은 날개가 없는데도 둥둥 떠다니지요. 우리도 평소 늘 주변에 있는 물건을 골라 뜬금없는 장소로 옮겨볼까요? 가족과 친구들이 보고 깜짝 놀랄 수 있도록 고민해봐요.

준비물

마그리트 도안1·2·3(351~355쪽), 도화지, 채색 도구, 가위, 풀

놀이 방법

1 도안을 하나 고르고 도안 속 물건을 배치할 의외의 장소를 생각한다.
2 도화지에 원하는 배경을 그리거나 배경 사진을 준비한다.
3 도안을 오려 배경에 잘 배치한다.

TIP

- 배경을 그리지 않고 다른 책이나 잡지에서 찾아도 좋아요.
- 원하는 장소를 사진으로 찍어서 프린트한 뒤 일상의 사물을 그려 넣는 방법도 있어요.

질문해봐요

Q. 왜 이 장소에 물건을 두고 싶었어?

Q. 또 어떤 물건을 두면 재미있을까?

📖 초등 교과 연계 가이드

- 미술3~4 : 상상하여 표현하기
- 미술5~6 : 발상의 전환

옵티컬 아트

Q. 착시도 예술이 될 수 있다?

전혀 움직이지 않지만, 바라보고 있으면 회전하는 듯 혹은 빨려 들어갈 것처럼 느껴지는 그림을 본 적 있나요?

원과 다양한 도형, 일렁이는 선 등으로 표현된 추상적인 그림으로 원근법, 색채 효과, 기하학적인 형태 등을 활용해 착시를 일으키는 예술 분야를 옵티컬 아트Optical Art 줄여서 '옵아트'라 부릅니다. 옵아트는 작가의 감정과 감상이 짙게 묻어나는 기존의 예술 작품과는 다르게 사람들의 눈을 즐겁게 하는 것이 목적입니다. 시각적인 착시를 활용하기 때문에 미술보다 과학에 가깝다고 생각할 수도 있지만, 사실 옵아트는 자연에서도 발견할 수 있습니다.

보고 있노라면 눈이 어질해지는 얼룩말 무늬가 대표적이에요. 얼룩말은 이 무늬가 있어서 목숨을 위협하는 흡혈 파리의 공격을 피할 수 있습니다. 같은 형태와 비율이 반복되는 소라 껍데기와 기계로 찍어낸 듯 완벽하게 뻗어나가는 거미줄을 통해서도 천연 옵아트를 발견할 수 있답니다.

브리짓 라일리는 옵아트 작가 중에 손꼽히는 아티스트입니다. 그의 작

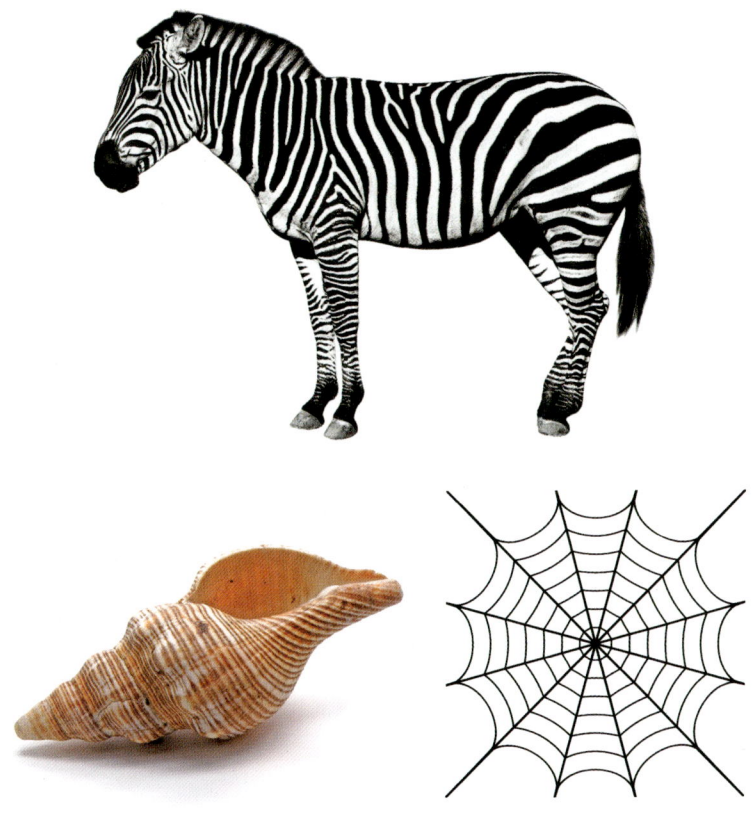

품 〈블레이즈〉(Blaze 1, 1962)의 한 부분을 응시하면 다른 부분이 움직이는 듯한 착시가 일어납니다. 기하학적인 형태의 조합이 보여주는 신기한 효과죠. 또 다른 옵아트 작가 빅토르 바자를리의 작품 〈베가 222〉(Vega 222, 1969~1970)는 직접 구 형태를 그리지 않고도 그림 중앙이 불룩해 보이는 시각적 효과를 표현했습니다. 크기와 모양이 다른 다양한 원을 적정 비율

에 따라 배치한 결과라는 게 놀라울 따름입니다.

그렇다고 옵아트가 시각적인 자극과 즐거움만 준다고 생각하면 안 됩니다. 우리 삶 속에 아주 유용하게 이용되고 있으니 말이죠. 과속 방지 턱인 줄 알았는데, 막상 지나가면 평평한 가짜 방지 턱인 경우가 있습니다. 옵아트는 착시를 이용해 오히려 우리 삶을 보호합니다. '어린이 보호 구역'을 표시할 때도 글씨를 매우 길게 적는데, 이 또한 운전자의 시야에 글씨가 더 잘 들어오는 비율을 생각한 결과입니다. 특정 대상을 묘사하는 회화처럼 그린 사람의 마음을 공유할 수는 없지만, 과학적인 원리를 품고 있기에 생활 전반에 유용함을 가져다줄 수 있는 것입니다.

아이와 함께 ART PLAY

옵아트 만들기

단순한 도형이나 선으로 입체감을 표현한 그림을 보면 어떤 느낌이 드나요? 내가 어디를 보느냐에 따라 조금씩 움직이는 것 같지만 사실 그림은 전혀 움직이지 않고 있답니다. 이렇게 사람들의 눈이 착각하도록 만들어진 옵아트 작품들을 보다 보면 선과 기하학적인 도형이 주로 사용된다는 사실을 알 수 있어요. 곡선과 사선, 동그라미, 네모, 세모 등이 결합해 새로운 형태와 착시를 불러오죠.

생각해봐요

손이 놓인 곳마다 곡선을 그려볼까요?

우리도 휘어지는 곡선을 활용해 작품을 만들어보아요. 우리는 손을 이용해서 옵아트를 재연해볼 텐데요. 손을 그리지는 않지만, 실제로 손이 있는 것처럼 보이도록 선을 그려야 해요. 내 손 위로 여러 개의 선이 지나간다고 생각해보세요. 선이 어떤 모양이어야 할까요?

준비물

도화지, 연필, 지우개, 3가지 색깔 형광펜

놀이 방법

1 도화지 위에 손바닥을 올리고 연필로 그대로 손바닥을 따라 그린다.
2 손바닥을 그린 도화지 맨 위쪽부터 형광펜 세 가지 색상을 순서대로 바꿔가며 가로로 선을 그린다.
3 이때 연필로 그린 손가락을 만나면 그 위로 볼록한 곡선을 그리고 다시 선을 그리고 다른 손가락을 만나면 또 볼록한 곡선을, 손바닥과 손목도 그 모양에 맞게 긴 곡선을 그린다.
4 마지막까지 선을 모두 그린 뒤 연필로 그린 손바닥은 지우개로 지운다.

TIP

- 곡선을 그리는 게 헷갈린다면 손바닥을 뺀 나머지에 직선을 모두 채운 다음 손바닥에 맞는 곡선으로 그려 넣어도 됩니다.

| 질문해봐요 |

Q. 우리 주변에서 발견할 수 있는 옵아트는 뭐가 있을까?

A. 르노 자동차 로고

📖 **초등 교과 연계 가이드**

- 즐거운 생활 : 나의 몸을 창의적으로 표현하기
- 수학1~2 : 무늬에서 규칙을 찾아 나타내기
- 미술3~4 : 조형 요소로 표현하기

세계의 미술관

　현대 미술의 가장 큰 특징은 보여주는 형식이 매우 다양하다는 것입니다. 지난 시대에는 회화와 조각을 미술이라고 생각했다면, 현대 미술은 보는 사람들이 이것이 미술인지 아닌지에 대한 생각을 가질법한 행위조차도 미술로 포함시키죠. 현대 미술은 인상주의에서부터 시작되었다고 말해도 과언이 아닙니다. 인상주의는 여태까지 그림을 어두운 화실에서 그렸던 것과 달리 야외에서 직접 햇빛을 보고, 느끼며 변화하는 인상을 그리고자 하였으니 말이죠. 이것은 분명 기존의 작품들에 익숙했던 사람들에게 큰 불편함을 안겨주었어요. 기존을 반대하는 에너지로 새로운 표현을 만들어내는 것이 곧 현대 미술이라고 할 수 있을 것입니다. 그런 현대 미술을 대변하듯 놀라울 정도로 새롭고 독특한 위용을 자랑하는 세계의 현대미술관들이 있습니다. 현대미술관 나들이를 통해 세계 현대 미술에 한 발 더 가까워지시길 바랍니다.

구겐하임 미술관

　뉴욕 맨해튼 센트럴파크의 호숫가를 따라 걷다 보면 독특한 외관부터 사람들의

　시선을 한눈에 사로잡는 구겐하임 미술관이 눈에 띕니다. 계획된 격자무늬의 도시, 뉴욕 중앙에 당당하게 자리 잡은 달팽이를 닮은 나선형 건축물이죠. '내가 현대 미술 자체다.'라고 소개라도 하는 듯 반듯한 사각 빌딩 속에서 존재감을 드러내고 있습니다. 구겐하임 미술관은 그 자체로 독창성과 아름다움을 인정받아 2019년에 세계 문화유산으로도 지정되었습니다.

　구겐하임 미술관은 추상 회화 작품을 많이 소장하고 있는 것이 특징입니다. 특히 추상회화의 대가 칸딘스키의 작품만 30점 이상 소장하고 있어 2022년 올해, 칸딘스키 작품만 모아서 특별전을 기획할 정도입니다. 칸딘스키 이외에 샤갈, 피카소, 모딜리아니 등 유명 작가들의 회화 작품들도 관람할 수 있습니다.

　다른 미술관들과 달리 관객의 입장에서 설계된 구조는 층이 나뉘어 있지 않아 몇 층부터 봐야 하나 고민하지 않아도 됩니다. 꼭대기까지 연결되어 있는 나선형 복도를 따라 천천히 올라가며 보거나 아예 꼭대기에서부터 천천히 내려오며 전시를 관람하면 됩니다. 나선형의 복도 구조이기에 자연스럽게 어느 곳에 있어도 가운데의 공간을 보면 미술관 전체를 볼 수 있는 점도 특별합니다. 이곳을 설계한 세계적인 건축가 프랭크 로이드 라이트가 이곳을 '연속적인 바닥으로 이뤄진 하나의 공간'이라고 설명한 이유랍니다.

쿤스트하우스 그라츠

죽기 전에 꼭 봐야 할 세계 건축물로 손꼽히는 쿤스트하우스 그라츠는 2003년, 오스트리아의 도시 그라츠가 유럽의 문화도시로 선정된 것을 기념하여 지어진 건축물입니다. 쿤스트하우스 그라츠는 보통의 상상력으로는 전혀 예측할 수 없는 모습을 보여줍니다. 그라츠 주민들은 '친절한 외계인'이라고 부르기도 하는데, 한마디로 일

　반 건축물과 전혀 다른 모양, 전혀 다른 소재, 전혀 다른 색깔을 갖고 있지요. 외계 우주선을 닮은 건물 외관에는 문어의 빨판처럼 생긴 채광창과 600여 개의 빛나는 조명 등 설명만으로는 상상이 되지 않는 놀라운 모습입니다.

　쿤스트하우스 그라츠는 별명에 걸맞게 아침 7시부터 밤 10시까지 매시간 초저음의 진동 소리를 냅니다. 그라츠에서는 외계인의 친절한 인사를 매시간 들을 수 있는 것이죠. 이뿐만 아니라 쿤스트하우스 그라츠 내부는 더욱더 특이하다고 장담할 수 있습니다. 대부분의 미술관은 작품을 전시하는 장소로 활용되지만 이곳은 기본적인 소장품 없이 다양한 현대 미술을 소개하는 일종의 실험장으로 자유롭게 운영되고 있습니다. 이곳에 방문한다면 누구나 현대 미술의 세계에 푹 빠지는 경험을 하게 될 것입니다.

퐁피두센터

낭만의 도시 파리 한편에 자리한 복합예술단지인 퐁피두센터 내에는 현대미술관이 있습니다. 퐁피두센터는 세계 최초로 시도된 노출 구조의 건축물로 수도, 전기, 냉난방, 이동 시설 등 모든 건축 구조물이 각각 초록색, 파란색, 노란색, 빨간색으로 구분되어 외부로 드러나 있습니다. 퐁피두센터 내에서 가장 큰 규모를 차지하고 있는 현대미술관은 현재 살아 있거나 혹은 비교적 최근에 출생한 작가의 작품만을 선정하여 전시하고, 시간이 지나면 루브르 박물관이나 다른 미술관으로 이관하는 방식을 활용하고 있습니다. 덕분에 퐁피두 현대미술관은 꾸준히 전시의 흐름과 내용이 달라진다는 것이 특징이지요. 퐁피두 현대미술관 역시 회화뿐만 아니라 사진과 영화, 뉴미디어, 디자인, 건축 등 모든 종류의 현대 미술 작품을 전시하고 있어 현대 미술을 만나고 이해하고 즐길 수 있는 완벽한 곳으로 꼽을 수 있습니다.

국립현대미술관 서울관

2013년 서울 소격동에 개관한 국립현대미술관 서울관은 현대 미술을 중점적으로 소개하는 다양한 전시를 만날 수 있습니다. 국립현대미술관 서울관 역시 현대 미술의 흐름에 맞는 새롭고 재미있는 기획으로 틀을 깨는 전시를 시도하고 있습니다. 다양한 현대 미술 장르를 소개하는 것은 물론 신매체를 활용한 융합 미술 전시를 기획하며 복합예술문화센터로서도 당당히 자리 잡고 있는 우리나라 대표 미술관입니다.

국립현대미술관 서울관은 옛 규장각이 있던 곳에 지어져 '마당'을 그대로 살려두었습니다. 우리가 옛 '마당'에 모여서 다양한 놀이를 즐기고, 행사를 치르고 서로 어울렸듯이 이곳에서 누구나 쉴 수 있고 여유를 즐길 수 있도록 한 것이지요. 기존 미술관의 딱딱함을 벗어난 국립현대미술관 서울관은 아이와 함께 방문해도 어렵거나 지루하지 않은 즐거운 관람 시간을 보낼 수 있을 것입니다.

6부

우리 미술의
조각을
모으다
한국 미술

김홍도

Q. 500년 전 조선의 일상은 어떤 모습일까요?

〈서당〉과 같은 풍속화로 조선 시대 조상들의 생활상을 알려준 화가가 있습니다. 용안을 그린 어진화사 단원 김홍도입니다.

《단원풍속도첩》 중 〈서당〉, 18세기, 김홍도, 종이에 수묵담채, 보물 527호, 국립중앙박물관

어릴 때부터 그림 그리는 데 재능을 보인 김홍도는 그의 재능을 일찍 알아본 강세황을 만나 7세 무렵부터 본격적으로 그림을 배웠습니다. 그리고 이십 대 초반에 강세황의 추천으로 그림을 그리는 관청인 도화서의 화원으로 활동하게 됩니다. 29세라는 이른 나이에 영조의 모습, 그리고 정조가 될 왕세자의 초상을 그릴 정도로 실력을 인정받았습니다.

　하지만 그는 삼십 대 초반부터 일반 백성들에게 시선을 옮깁니다. 그들의 삶을 그림으로 남기기 시작한 거죠. 김홍도가 주의 깊게 바라본 사람들은 조선 후기의 농민과 수공업자들이었습니다. 그렇게〈대장간〉,〈빨래터〉,〈씨름〉,〈윷놀이〉,〈벼 타작〉처럼 서민의 삶을 소재로 생동감 있는 그림들을 탄생시켰지요. 총 25점에 해당하는 이 그림들은《단원풍속도첩》이라는 서책으로 보존되고 있습니다.

《단원풍속도첩》 중 〈씨름〉, 18세기, 김홍도, 종이에 수묵담채, 보물 527호, 국립중앙박물관

김홍도는 46세에 정조의 모습을 그리는 화가로 참여한 뒤 포상으로 현감 직책을 받았습니다. 그래서 5년간 충청도 연풍에 머물게 되는데, 정치에 영 소질이 없었는지 파직되어 한양으로 되돌아옵니다. 이후 그는 개인 작업에 몰두하게 되지요. 오십 대에 들어서 그의 화풍은 절정에 이릅니다. 일명 '단원 화풍'이라 불리는 명작들이 이 시기에 그려졌습니다. 이때는 눈에 보이는 실제 풍경을 그리는 '진경산수' 화풍이 주를 이루던 조선 후기였습니다. 겸재 정선과 김홍도를 비롯해 스승 강세황, 심사정 등의 화가가 대

《병진년화첩》 중 〈옥순봉도〉, 1796년, 김홍도, 종이에 수묵담채, 보물 527호, 리움 미술관 관리

표적이죠. 김홍도는 이 화풍에 영향을 받으면서도 차별화된 자신만의 스타일을 구축합니다. 더 사실적이고 힘이 느껴지는 김홍도의 진경산수화는 《을묘년화첩》,《병진년화첩》으로 묶여 세상에 나왔습니다.

김홍도는 조선 시대 가장 신분이 높은 왕가의 모습부터 신분이 낮은 서민의 일상까지, 조선 팔도 곳곳의 풍경을 다 그려낸 화가라 할 수 있습니다.

아이와 함께 ART PLAY

풍속화로 이야기 만들기

김홍도의 《단원풍속도첩》 안에는 조선 후기 서민의 생활상을 기록한 다양한 그림들이 담겨 있어요. 좀처럼 역사에 남지 않는 평범한 사람들의 모습을 생생하게 그림으로 남겨둔 덕분에 우리는 그 시대 생활상이나 사람들의 일상을 속속들이 알 수 있게 되었답니다.

> 생각해봐요

김홍도의 그림에 등장하는 사람들을 활용하여 새로운 이야기를 가진 풍속화를 만들어 보면 어떨까요? 도안 속 사람들을 관찰하고 새로운 이야기를 상상하여 나만의 풍속화를 그려보아요.

준비물

김홍도 도안1·2(357~359쪽), 사인펜, 연필, 지우개, 가위, 풀

놀이 방법

1. 도안 속 사람들을 관찰하고 새로운 이야기를 상상한다.
2. 도안 속 사람들을 오려 도안 위에 풀로 붙인다.
3. 여러 가지 동작선 또는 말풍선을 넣어 꾸민다.
4. 그림 속에 어떤 내용을 담았는지 부모님과 이야기를 나눈다.

> 질문해봐요

Q. 그림 속 인물들이 어떤 이야기를 하고 있는지 말풍선을 넣어볼까?

📖 **초등 교과 연계 가이드**

- 미술3~4 : 생활 속의 모습 표현
- 사회3~4 : 옛사람들의 생활 모습

Playground 2

문자도

Q. 글자일까, 그림일까?

문자도(文字圖)는 그림과 글자를 함께 사용하여 전하고 싶은 내용을 표현한 작품을 말합니다. 문자와 연관 있는 동물이나 식물, 물건 등을 함께 그려 넣어 글을 읽지 못해도 모두 이해할 수 있도록 한 것입니다.

〈BTS문자도〉, 2022년, 정유진, 종이에 분채, 개인 소장

문자도는 글자 하나하나가 가진 의미를 전달해야 하므로, 한자 같은 표의 문자를 쓰는 문화권에서만 발달할 수 있었던 장르예요. 지금의 공익광고처럼 더 많은 이들에게 쉽게 다가갈 수 있어야 했기에, 포스터 형식으로 만들어졌습니다. 그러다가 조선 후기부터 민화를 넣어 많은 사람이 함께 누리는 미술의 장르로 자리 잡은 것이죠. 조선 시대 백성들은 꽃 글씨, 그림 글씨, 혹은 '서화도(書畫圖)'라고 불렀습니다.

　시간이 많이 흐른 지금, 조선의 문자도는 우리 일상에서 어떤 모습으로 존재할까요? 캘리그래피, 타이포그래피처럼 디자인과 문자의 어우러짐으로 이미지를 각인시키는 현대 예술로 발전한 것은 아닐까요? 이제 글자가 어우러진 디자인은 기호와 감정, 메시지를 전달하는 하나의 수단이 되었습니다. 인터넷에는 아기자기한 폰트가 늘 새롭게 소개되고, 간판이나 로고도 사람들의 시선을 사로잡는 생활 속 예술품 역할을 하고 있습니다. 꼭 한

〈문자도 8폭 병풍〉(文字圖八幅屛風), 일제 강점기, 국립민속박물관

글 문자가 아니더라도 다양한 나라의 문자는 그 자체로 디자인 요소가 될 수 있답니다.

　글씨와 민화로 이루어진 〈문자도 8폭 병풍〉 작품은 효(孝), 제(悌), 충(忠), 신(信), 예(禮), 의(義), 염(廉), 치(恥)라는 여덟 가지 덕목을 글자와 민화로 표현했습니다. '효제충신'은 '부모에게 효도하고, 형제간에 우애 좋고,

245

〈문자도 8폭 병풍〉 중 제(悌)와 신(信)

나라에 충성한다'라는 뜻입니다. '예의염치'는 '예의를 바르게 하며, 의로움을 지키고, 청렴한 마음으로, 항상 부끄러움을 알아야 한다'라는 의미죠. 두 번째 글자 '제(悌)'와 어우러진 그림을 보면 꽃이 활짝 핀 산앵두나무가 있습니다. 곤충을 나눠 먹고 있는 두 마리 새는 형제간의 우애를 상징합니다. 네 번째 '신(信)'은 사람과 사람 사이의 믿음을 의미합니다. 그림에는 믿음을 상징하는 파랑새와 편지를 물고 있는 새가 등장하는데, 파랑새의 모습이 새의 몸에 얼굴은 사람인 '가릉빈가' 입니다.

그동안 의식하지 못하고 지나친 병풍과 문자도를 눈여겨보면 그 안에서 무궁무진한 이야기를 건져 올릴 수 있답니다.

아이와 함께 ART PLAY

마음을 담은 문자도 그리기

문자도 '효(孝)'를 보면 잉어, 죽순, 부채 등의 물건이 나옵니다. 이 물건들은 모두 효를 주제로 하는 옛이야기를 담고 있기 때문이죠.

옛날 중국 진나라 때 '왕상'이라는 사람이 잉어가 병을 낫게 한다는 말을 듣고 아프신 어머니를 위해 잉어를 구하려고 이곳저곳을 돌아다녔습니다. 하지만 몹시 추운 겨울이라 잉어를 찾기가 쉽지 않았지요. 꽁꽁 언 연못의 얼음을 깨고 어렵게 잉어를 잡아, 어머니께 드리자 어머니 병이 씻은 듯이 나았다고 합니다.

옛날 중국 오나라에 살던 '맹종'의 어머니께서 한겨울에 죽순이 먹고 싶다고 말씀하셨지요. '죽순은 한여름 장맛비를 맞고 자라는 어린 대나무인데, 이 죽순을 도대체 어떻게 구하겠어.' 하지만 맹종은 그 추운 날에도 대나무 숲으로 가서 죽순을 찾았습니다. 결국 찾지 못하자 맹종은 슬퍼 엉엉 울었고, 눈물이 땅에 닿자 갑자기 땅에서 죽순이 솟아납니다.

중국 한나라에 살던 '황향'은 더운 여름날 '어떻게 하면 부모님이 더 편히 주무실까?'를 고민하다가 부모님이 주무시기 전에 열심히 부채질해서 베개를 시원하게 해두었습니다. 문자도 '효'에는 왕상과 맹종, 황향처럼 부모님에게 정성을 다하는 마음을 담은 것이지요.

> 생각해봐요

부모님에 대한 감사한 마음을 무엇으로 표현할까요?

'효'라는 단어와 어울리는 물건은 어떤 것이 있을까요? 조금 어려우면 부모님을 생각해봐도 좋아요. 부모님과의 추억, 또는 어버이날, 가족, 우리집 등을 생각하면 도움이 될 거예요. 어떤 그림이라도 좋아요. '효'에 어울리는 그림을 그려 나만의 문자도를 완성해보세요.

> 준비물

문자도 도안(361쪽), 연필, 색연필, 사인펜

놀이 방법

1. 문자도 도안 위에 연필로 생각한 그림을 그린다.
2. 글자와 그림을 색연필로 색칠한다.
3. 진한 사인펜으로 글자와 그림의 테두리를 그려 완성한다.

TIP

- 채색 도구는 무엇이든 상관없어요. 색연필 대신 다른 방식으로 색칠해도 좋아요.

질문해봐요

Q. 문자도에 그린 그림은 어떤 의미로 그린 거니?

Q. 다른 글자로 문자도를 그린다면 어떤 글자가 좋을까?

📖 초등 교과 연계 가이드

- 즐거운 생활 : 고마운 마음 표현하기
- 미술5~6 : 나에게 소중한 것 표현하기
- 도덕3~4 : 사랑하는 가족, 고마운 가족

Playground 3

곤룡포

Q. 임금님 옷에 새겨진 문양은 무엇일까?

사극 드라마나 영화에서 왕이 입고 나오는 붉은색 옷을 본 적 있나요? 이 옷을 곤룡포라고 합니다. 왕이 일할 때 입는 옷이죠.

오조룡보(五爪龍補), 조선 시대, 국립민속박물관

곤룡포의 붉은색은 태양, 불, 피 등의 강렬하고도 생명력 넘치는 힘을 상징합니다. 그리고 가슴과 등, 양어깨 부분에 장식되는 용은 비범한 능력과 강력한 힘을 가진 신비로운 존재, 즉 왕을 상징합니다. 용 문양은 붉은 옷감에 금박으로 찍거나 금실로 수놓은 용포를 달아 만듭니다. 왕의 용포에는 발톱 다섯 개의 용이 새겨져 있는데 이를 '오조룡보'라고 합니다. 홍색 자미사 한가운데에 오조룡이 있고, 검은색 실로 용의 눈을 강조했습니다. 다섯 개의 발톱은 최고로 강한 용, 완전한 용을 뜻하고, 용 주변을 둘러싼 구름은 십장생 중 하나로 장수를 의미합니다.

화가 채용신이 그린 〈영조 어진〉 속에서 영조가 입고 있는 옷이 바로 곤룡포입니다. 황색 용포를 입은 왕도 있습니다. 고종은 조선의 왕에서 대한제국 황제로 즉위하면서 황제의 상징인 황룡포를 입었습니다. 〈고종 어진〉의 제작 시기는 정확히 알 수 없지만, 황룡포를 입은 것만으로도 1987년 대

좌: 〈영조 어진〉(英祖 御眞), 1900년, 채용신, 국립고궁박물관 / 우: 〈고종 어진〉(高宗 御眞), 1987년 이후, 채용신, 국립중앙박물관

한제국이 선포된 이후에 그려진 것임을 짐작할 수 있습니다.

　오조룡은 왕을 상징하기 때문에 왕의 옷에만 사용된 문양이었습니다. 대신 왕세자의 옷에는 발톱, 네 개의 '사조룡'이, 왕세손의 옷에는 발톱 세 개의 '삼조룡'이 그려졌지요. 용의 발톱 개수를 보면 누구의 옷인지 알 수 있었습니다. 〈좌견용 용문목판〉은 사조용이 그려진 목판으로 왕세자의 곤룡포나 공주의 당의에 금박을 찍을 때 사용하였습니다. 가운데에 사조룡이 옆을 바라보고 있으며, 주변은 구슬과 구름으로 장식되어 있습니다.

아이와 함께 ART PLAY

나만의 곤룡포 만들기

곤룡포에 새겨진 용무늬 하나에도 이렇게 많은 의미가 담겨 있다는 사실이 재미있지 않나요? 왕실의 옷을 만드는 사람들은 많은 규칙을 기억하고 꼭 지켜야 해서 옷 만들기가 쉽지 않았을 것 같아요. 이제는 모든 제약이 사라져, 나만의 의미와 상징을 담아 용무늬를 마음껏 사용할 수 있어요. 왕이 입는 옷을 나도 입을 수 있다면 어떨까요? 빨간색 바탕에 커다란 용이 그려진 옷 말이에요. 꼭 금색일 필요는 없어요. 내가 좋아하는 색으로 오조룡보를 칠한 뒤 빨간색 옷 위에 붙여 나만의 곤룡포를 완성해보아요.

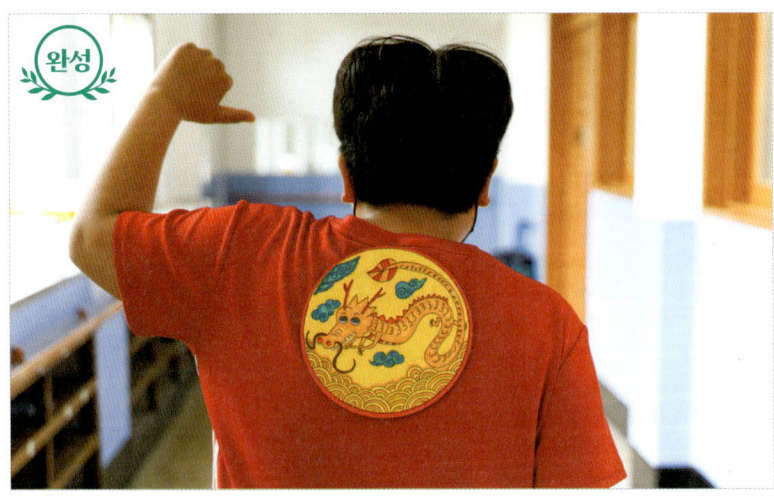

준비물

오조룡보 도안(363쪽), 빨간색 옷, 채색 도구, 테이프, 가위

놀이 방법

1. 오조룡보 도안을 원하는 색으로 칠한다.
2. 색칠한 도안을 자르고 빨간색 옷 가운데 붙인다.

TIP

- 빨간색 옷이 없다면, 태조의 청룡포나 고종의 황룡포처럼 파란색 옷 또는 노란색 옷 위에 붙여보세요. 또는 나만의 새로운 색깔 곤룡포를 만들어도 좋아요.

📖 초등 교과 연계 가이드

- 미술5~6 : 우리나라 전통 미술
- 사회5~6 : 조선의 역사

Playground
4

조선 시대 모자

Q. 조선 시대의 신분증은 모자였다?

패션은 예나 지금이나 '나'를 표현하는 중요한 수단입니다. 티피오$^{T.P.O}$라는 말에서 알 수 있듯이 옷은 시간^{Time}, 장소^{Place}, 상황^{Occasion}에 맞춰 입어야 합니다.

〈과거시험장〉, 조선 시대, 김학수, 국립민속박물관

시대별로 조금씩 차이가 있겠지만, 조선 시대에는 모자도 그 사람의 신분을 나타내는 중요한 의복이었습니다. 한복의 소재와 디자인, 모자와 신발 등으로 충분히 신분을 구별할 수 있었지요. 〈과거시험장〉 그림을 보면 모인 사람들의 신분에 따라 모자가 다르다는 걸 알 수 있습니다. 유생들은 유건, 선비들은 흑립, 관원들은 사모를 쓰고 있습니다. 보통 양반이 쓰던 검은색 갓이 '흑립'입니다. 고려 시대에는 흑립이 일부 사람들만 쓸 수 있는 '관모'였지만, 조선 후기부터 양반들 대부분이 쓸 수 있게 대중화되었습니다. 챙처럼 넓은 부분을 '양태'라고 부르는데, 이 부분을 남들보다 넓게 만들어 신분을 과시하기도 했습니다. 정조가 이를 사치라고 판단해 제한하면서 오늘날 우리가 아는 갓 모양으로 자리 잡았습니다.

갓과 비슷한 모양이지만 이름이 다른 모자도 있습니다. 평량립, 평량자, 차양자라고도 불리는 '패랭이'입니다. 이 모자는 갓보다 어딘가 간편한 느낌이 들지 않나요? 실제로 바깥 활동을 많이 하는 남성들, 역졸이나 보부상

위: 흑립 / 아래: 패랭이 / 오른쪽: 유건

이 쓰던 모자입니다. 대를 쪼개 엮은 댓개비로 만들었습니다.

조선 시대에 왕과 세자가 곤룡포에 갖춰 쓰던 모자도 있습니다. 바로 '익선관'입니다. 조선에서 가장 높은 사람이 쓰던 모자인 거죠. 모자 뒤쪽으로 뿔처럼 솟아오른 부분이 바로 매미 날개 모양을 본뜬 '익선(翼蟬)'입니다. 아무리 왕이라도 매미처럼 청렴하고 겸손해야 한다는 의미입니다.

지금까지 살펴본 모자는 모두 남성용이었습니다. 그렇다면 여성은 모자를 쓰지 않았을까요? 아닙니다. 유교 사회였던 조선은 남녀가 내외해야 한다는 이유로 여성이 외출할 때 얼굴을 가리기 위해 다양한 '쓰개'를 사용했

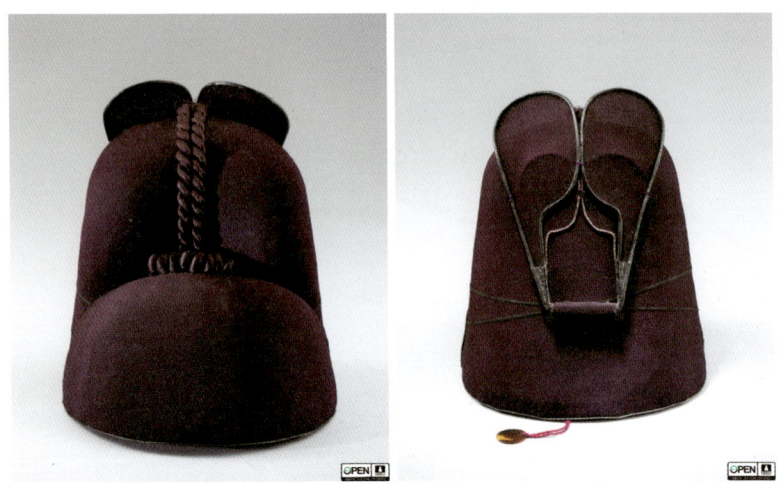

〈영친왕이 사용했던 익선관〉 앞과 뒤, 국립고궁박물관

습니다. 그중 '너울'은 궁중 여성과 상류층 여성이 사용한 것으로, 갓 위에 어깨까지 내려오는 사각 천이 씌워져 얼굴을 가리도록 했습니다. 앞부분이 보여야 하니 망사를 덧대 만들었죠. 상류층 여성들은 주로 가마를 타고 이동했기에 큰 불편이 없었지만, 신분이 낮아서 주로 걸어 다니던 여성들에게는 잘 어울리지 않았습니다.

그래서 일반 여성들은 '장옷'을 사용했습니다. 남성 한복의 두루마기와 비슷한 모양의 쓰개용 옷이었죠. 조선 중기 이후부터는 장옷보다 단순해진 '쓰개치마'가 많이 사용됐습니다. 양반층 부녀자도 너울 대신 쓰개치마를 주로 사용하게 되는데, 주름 잡힌 치마 모양이라 붙여진 이름입니다.

남성과 여성의 모자는 시대에 따라, 신분에 따라, 용도에 따라 종류가 다양합니다. 한국 드라마가 해외에까지 알려지면서 이 다양한 형태의 모자도

《단원풍속도첩》 중 〈신행길〉, 18세기, 김홍도, 종이에 수묵담채,
보물 527호, 국립중앙박물관

관심을 받기 시작했습니다. 심지어 이름이 '갓^{God}'이라니 외국인들도 호기심을 가질 수밖에 없었지요.

김홍도가 그린 〈신행길〉을 보면, 혼례식에 가는 신랑이 쓰고 있는 '사모'가 보입니다. 원래는 관복을 입고 일하는 관원들이 쓰는 모자인데 양반가 아들이 결혼할 때도 이 모자를 썼습니다. 신랑 뒤에 따라오는 여인은 장옷을 쓰고 있지요. 조선 시대 풍속화를 통해서도, 일상에서 늘 모자를 사용한 모습을 쉽게 볼 수 있습니다.

아이와 함께 ART PLAY

익선관 만들기

조선 시대 사람들은 매일 모자를 써야 해서 어떻게 하면 더 예쁘게, 멋있게 만들지 고민했어요. 더 좋은 재료로 만들거나, 썼을 때 편하도록 디자인을 수정하면서요. 여자가 사용하는 쓰개는 빛깔이 더 고운 비단을 구하거나 거기에 은박으로 문양을 넣기도 했지요. 조선 시대처럼 신분에 따라 다른 모자를 쓰지는 않지만, 우리도 각자의 취향과 장소, 용도에 따라 다양한 모자를 쓰게 됩니다.

생각해봐요

내가 조선의 왕이 되어볼까요?

우리가 만약 조선 시대 왕의 모자를 만드는 디자이너였다면 모자에 어떤 의미를 담을 수 있을까요? 상상과 멋을 더해 세상에 하나뿐인 멋진 익선관을 만들어볼까요?

준비물

익선관 도안(365쪽), 채색 도구

놀이 방법

1 익선관 도안에 어떤 그림을 그려 상징적인 의미를 담을지 생각해본다.
2 채색 도구를 사용해 익선관을 새롭게 디자인한다.

TIP

- 국립고궁박물관, 국립민속박물관, 국립중앙박물관 등의 사이트에서 다양한 전통 문양의 생김새와 의미를 찾아본 뒤 도안에 활용해도 좋아요.

질문해봐요

Q. 익선관을 이렇게 꾸민 이유는 뭐니?
Q. 이 부분은 왜 이렇게 꾸민거니?

📖 초등 교과 연계 가이드

- 미술5~6 : 전통공예품 디자인하기
- 사회5~6 : 조선의 역사

Playground 5

청자와 백자

Q. 빗살무늬 토기에서 고려청자 그리고 조선의 백자까지?

한국 도자기의 역사는 신석기 시대의 빗살무늬 토기에서 시작됩니다. 빗살무늬 토기는 밑이 뾰족하고 긴 형태인데, 땅에 그릇을 꽂아 사용했기 때문에 바닥이 평평할 필요가 없었지요.

그릇을 만드는 기술은 그릇을 굽는 가마의 기술 발달과 연관됩니다. 가마가 높은 온도를 낼수록 좋은 그릇이 만들어지기 때문이지요. 600℃ 가마에서는 토기를, 1,000℃ 가마에서는 도기를, 1,200℃ 이상 가마에서는 자기를 구울 수 있습니다. 이런 도기와 자기를 합쳐 도자기라 부릅니다. 구석기 시대에는 모닥불에서 구워낸 토기를 사용했는데 방수도 되지 않고 내구성이 약했습니다. 삼국시대에는 1,000℃ 이상을 낼 수 있는 가마가 개발되어 도기가 등장합니다. 도기는 토기보다 더 가볍고 단단하면서 방수까지 되는 엄청난 그릇이었습니다. 도기 기술은 고려 시대 들어 더욱 발전하며 푸른색의 고려청자가 등장합니다. 초반에는 중국의 도자기 기술이 반영된 청자가 많았지만, 한국의 제작 기술이 점차 발달하면서 고려청자가 더 보편화되었지요. 12세기는 그야말로 고려청자의 시대였습니다. 중국 청자가 탁한 푸른빛을 띤다면 고려청자는 맑고 투명한 빛이 감돌지요. 이를 '비색'이라고 합니다. 여기에 다양한 문양을 새기는 '상감기법'이 더

〈청자상감운학문매병〉(靑磁象嵌雲鶴梅甁), 고려 시대, 보물 1869호, 국립중앙박물관

해져 고려의 뛰어난 상감청자가 인정받게 됩니다.

상감청자 만드는 방식을 간단히 설명하면 물레를 돌려 모양을 잡고, 도자기에 원하는 무늬를 파낸 뒤 파인 부분에 상감용 백토를 채워 넣습니다. 이때 다른 색을 내고 싶다면 백토에 안료를 섞어 원하는 색을 만듭니다. 그렇게 도자기의 상감 작업이 마무리되면 잘 말린 다음 초벌로 구운 뒤 유약을 발라서 다시 구우면 상감청자가 완성됩니다.

좌: 〈백자 달항아리〉, 조선 시대, 국보 309호, 국립중앙박물관 / 우: 〈백자청화산수항아리〉, 조선 시대, 국립중앙박물관

국립중앙박물관 소장품인 '백자 달항아리'는 조선 시대 도자기입니다. 생긴 모양이 달덩이처럼 동그랗고 하얘서 그렇게 불렸지요. 조선 시대 도자기 중 백자 위에 푸른 물감으로 그림을 그린 것을 백자청화(白瓷靑華)라고 합니다. 사진 속 백자청화 항아리는 조선 왕실 자기를 굽던 관요에서 만들어진 작품입니다. 항아리 몸체에 능화 모양의 창을 내 그 안에 산수화를 그려 넣었습니다.

아이와 함께 ART PLAY

그림으로 도자기 완성하기

도자기는 이름을 짓는 규칙이 정해져 있답니다. <청자상감운학문매병>을 예로 들면 맨 처음 '청자'는 청자인지 백자인지를 구분하는 지표입니다. 그다음은 도자기를 만드는 기법인 '상감', 운학문은 구름과 학 문양, 마지막 '매병'은 그릇의 용도를 의미합니다. 전국 박물관 소장품을 검색할 수 있는 사이트 'e뮤지엄(emuseum.go.kr)'에서 도자기 이름을 살펴보면서 그 종류와 무늬, 용도를 알아맞혀 볼까요?

생각해봐요

내가 만들 도자기 이름을 생각해볼까요?

도자기의 특징, 제작 기법, 용도에 따라 달라지는 도자기 이름의 규칙을 살펴보았다면, 이제는 직접 도자기를 만들고 이름도 지어볼까요? 우리는 뜨거운 가마에 구울 수는 없으니 도자기 도안을 활용해서 그림으로 그려봐요.

준비물

도자기 도안(367~371쪽), 채색 도구

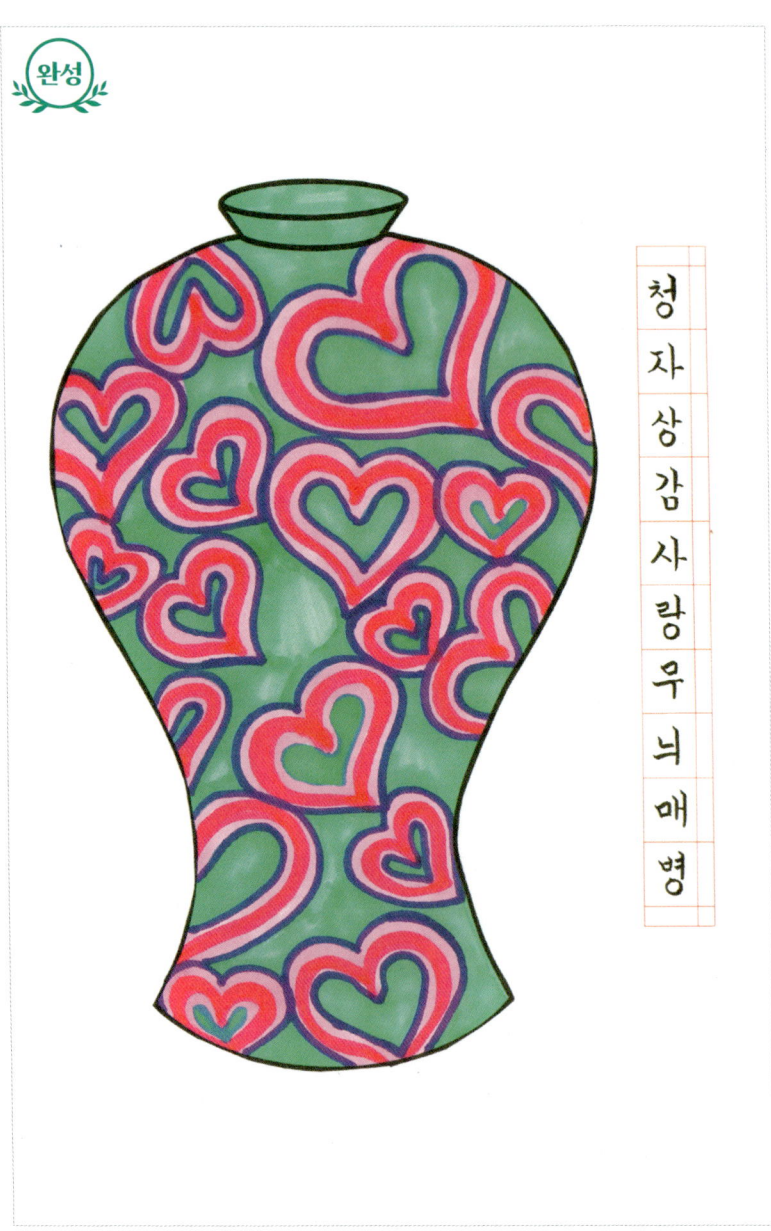

청자 상감 사랑 무늬 매병

놀이 방법

1 다양한 형태의 도자기 도안 중 원하는 모양을 고른다.
2 선택한 도자기 안에 그리고 싶은 문양을 채워 넣고 색칠한다.
3 도자기의 이름 짓기 규칙에 맞는 새로운 이름을 짓는다.

TIP

- 도자기 안을 그림 대신 콜라주 방식으로 채워도 좋아요. 마음에 드는 패턴을 찾아 프린트하거나 잡지나 인쇄물, 엽서 등을 오려 붙이면 된답니다.

질문해봐요

Q. 내가 그린 도자기를 뭐라고 부르고 싶어?

Q. 도자기 안에 그려진 다양한 무늬를 설명해줄래?

📖 초등 교과 연계 가이드

- 미술5~6 : 전통 미술과 현대 미술 비교하기
- 수학3~4 : 평면도형의 이동

Playground 6

민화

Q. 조선 시대, 집집마다 걸려 있던 그림이 있다?

백성들이 직접 그리고 집 안에 걸어둔 그림을 백성 민(民) 자를 써서 '민화'라고 부릅니다.

〈화조도〉, 조선 시대, 국립중앙박물관

민화는 19세기 후반 궁중에서 시작되어 20세기 전반에 걸쳐 일반 서민에게 큰 인기를 얻은 그림입니다. 출세와 다산, 건강, 행복에 대한 간절한 염원을 그림에 담아 집안 곳곳을 장식했지요. 민화는 그야말로 조선 시대를 뜨겁게 달군 실내 장식 아이템이었습니다. 특히 조선 후기로 접어들면서 값싼 종이가 개발되어 일반 백성들도 쉽게 그림을 즐길 수 있었습니다. 백성들은 민화를 통해 사대부 양반들과는 다른 취향으로 미술의 새 장르를 만들어 갔습니다.

민화는 인테리어 소품의 가치를 넘어서는, 긍정적인 정서와 에너지를 품고 있는 상징물이기도 했습니다. 예를 들면 병풍. 책, 벼루, 먹, 붓이 그려진 그림 '책가도'를 벽에 걸어두고 열심히 공부하겠다는 다짐과 합격을 기원했지요. 환갑 선물로 십장생이 그려진 '장생도'를 건네며 건강과 장수를, 신혼집에 수박과 포도 같은 씨가 많은 과일을 그린 '소과도'를 걸고 다산을 빌기도 했습니다.

〈장생도〉, 조선 시대, 국립중앙박물관

〈호랑이〉, 조선 시대

그밖에 조선 시대의 수려한 산수와 꽃, 새 등을 그려 집을 꾸미기도 했고, 유교 경전의 가르침을 어렵지 않게 이야기 형식으로 그려 걸어두기도 했습니다. 때론 닭이나 호랑이 같은 동물을 해학적으로 표현해 개성 있는 작품을 탄생시키기도 했습니다.

민화의 인기가 높아진 만큼 민화를 사려는 사람들도 많았습니다. 지금처럼 그림을 전문적으로 파는 화방이나 화실이 없던 조선 시대에는 며칠에 한 번씩 열리는 장에서 민화를 구할 수 있었지요. 장날이면 민화 화가 앞으로 모인 사람들이 문전성시를 이루었습니다. 당시 민화 화가들에게는 무엇보다 속도가 중요했습니다. 복사기도 없던 시절이니 화가들은 밑그림을 먼저 그려놓고 즉석에서 재빨리 색을 입혔습니다. 그때그때 사람들 요구에 따라 조금씩 다른 묵선 스타일과 색감을 표현해서 그림을 완성시켰습니다.

화가가 장을 돌면서 그림을 살 고객을 찾아다니는 현상은 조선 미술사의 큰 변화라고 볼 수 있습니다. 이렇게 떠돌던 무명의 화가들은 정식 그림 교

좌: 〈책거리〉,
우: 〈화훼도〉,
조선 시대,
국립중앙박물관

육을 받지 않아서 기교는 부족했지만, 자유로운 발상과 다양한 주제를 택할 수 있었습니다. 거기에 자신만의 표현 기법과 느낌을 충분히 살려 그렸기에 다양하고, 개성 있는 민화 작품이 전해 오게 되었습니다.

같은 듯 다른 민화 그리기

일반 백성들의 생활상과 깊이 연결되어 있는 민화는 실용성과 대중성을 모두 갖추고 있어요. 단순히 미를 추구하기 위한 것이 아닌, 목적성이 굉장히 뚜렷한 그림이라고 할 수 있답니다. 마음속으로 꼭 이루고 싶은 것들을 그림으로 그려서 잘 보이는 곳에 걸어두고, 좋은 일만을 기원하였죠.

> 생각해봐요

간절한 마음을 담아 멋지게 그려볼까요?

민화를 그리기 전에 소원을 먼저 떠올려보세요. 민화 도안 중 나의 소원을 담을 수 있는 작품을 고른 뒤 원하는 색으로 칠하면 완성이에요. 이렇게 그린 그림을 자기 방, 눈길 닿는 곳에 걸어두면 어느새 소원이 이뤄지지 않을까요?

준비물

민화 도안1·2(373~375쪽), 트레이싱지(기름종이), 채색 도구

놀이 방법

1. 민화 도안 위에 트레이싱지를 올려 밑그림을 따라 그린다.
2. 원하는 색으로 밑그림을 색칠하며 기원하는 마음을 담는다.
3. 완성한 민화를 액자에 넣어 잘 보이는 곳에 걸어둔다.

> 질문해봐요

Q. 민화에 어떤 소원을 담아 색칠했니?

📖 **초등 교과 연계 가이드**

- 미술5~6 : 우리나라 전통 예술
- 사회5~6 : 조선 후기 생활 모습

Playground 7

조각보

Q. 몬드리안보다 앞서 네모로 만든 추상 작품은?

소재는 조금 다르지만, 몬드리안보다 앞서 네모만 활용해 훌륭한 작품 세계를 펼친 이들이 있었습니다. 바로 조선 시대 규방에서 활동하던 여성들이지요.

〈천연 염색 조각보〉, 이병찬 천연 염색 연구가 기증, 국립민속박물관

바깥 활동이 힘들던 조선 시대 여성들은 규방에 모여 천을 염색하고 바느질하며 옷과 소품, 보자기, 장신구 등을 만들었습니다. 그 시대 규방은 여성들의 거처이면서 동시에 커뮤니티 공간이었습니다. 천이 귀하던 그 시절에는 옷과 소품을 만들고 남은 자투리 천도, 버릴 수 없는 것이었습니다. 다양한 자투리 천을 이어 일종의 패턴을 만든 것이 바로 조각보입니다. 남은 천 조각을 막무가내로 이어서 만든 것이 아닌, 예술적 감각과 노련한 손재주를 발휘해 훌륭한 작품으로 탄생시킨 것이지요. 이렇게 만든 보자기는 쓰임이 다양했습니다. 상을 덮거나 물건을 싸서 보관하는 용도뿐 아니라 선물을 포장할 때도 사용했습니다.

요즘은 조각보를 서양의 퀼트, 패치워크와도 많이 비교합니다. 하지만 퀼트, 패치워크와 가장 큰 차이점은 바로 바느질입니다. 조각보는 감침질로 천을 연결합니다. 감침질은 땀이 곱고 작아서 엄청난 끈기가 필요합니다. 이 한 땀, 한 땀의 결과가 결국 촘촘하면서도 고급스러운 느낌을 풍기게

하는 것이죠. 정성을 가득 담아 만든 조각보는 가족의 행복을 바라는 어머니의 마음을 닮았습니다.

하지만 조각보를 만드는 과정이 늘 순탄했던 것만은 아닙니다. 남은 천을 모은 것이기에 조각이 일정하지 않을 때가 많았습니다. 규방 문화 작품이 아닌 생활 속 조각보의 경우 여기저기 세월의 흔적과 형편이 더 잘 드러납니다. 일제 강점기 물건으로 추정되는 조각보들은 조각과 조각 사이의 균형을 생각할 여유가 더 부족했음이 느껴지기도 합니다. 그래서 화려한 문양을 자랑하는 일본이나 중국의 공예품과는 다르게 '순색'의 분위기를 풍기는 것 같기도 합니다. 장식을 위한 무늬가 아니라 색과 구성으로 아름다움을 만들기 때문에, 우연의 매력이 있는 것이죠.

〈조각보〉, 조선 시대, 국립민속박물관

아이와 함께 ART PLAY

색을 품은 조각보 그리기

조각보는 오늘날에도 여전히 아름답고 유용한 생활 공예품이자 전통 예술입니다. 다른 공예 장르와 자연스럽게 어우러지며 수수하고도 아름다운 예술 분야로 다시 발돋움했지요. 한 서양화가는 조각보를 보고 "도대체 누구의 작품입니까?"라고 질문했다고 합니다. 우리에게는 생활용품으로만 여겨졌지만, 누군가에게는 순수 예술 작품으로 느껴지는 것이죠.

생각해봐요

나만의 패턴을 만들어 볼까요?

몬드리안 그림보다 더 아름다운 우리의 조각보를 보고 있으면 감탄이 절로 나옵니다. 자투리 조각 천으로 만들었다는 사실이 놀라울 따름이지요. 바느질로 조각 천을 이어서 보자기를 만들 수는 없지만 그림으로 조각보를 그려 아름다운 패턴을 만들어봐요.

준비물

조각보 도안(377쪽), 색연필

놀이 방법

1 무늬가 있는 조각보 도안을 원하는 색으로 칠한다.
2 무늬가 없는 도안에도 직접 무늬를 그린 뒤 원하는 색으로 칠한다.

📖 초등 교과 연계 가이드

- 미술3~4 : 색의 아름다움
- 미술5~6 : 전통공예품 디자인하기
- 수학1~2 : 규칙에 따라 무늬 만들기

Playground 8

등불

Q. 희망의 등불로 소원을 빌어볼까요?

예부터 혼례식의 상징물이었던 청사초롱은 신랑이 말을 타고 신부의 집으로 갈 때 혹은 신부가 가마를 타고 시집올 때 앞길을 비추는 역할을 했습니다.

　청사초롱은 푸른 천과 붉은 천으로 등불을 둘렀으며, 밝힌 불은 신랑과 신부의 화합, 새출발의 의미를 담고 있습니다. 등불은 전기가 발명되기 전까지 사람들이 생활하는 모든 곳에서 어둠을 밝혀주는 고마운 존재였습니다. 생활에 꼭 있어야 하는 필수품과도 같았죠. 전기가 없던 그 옛날, 사람들은 밤에 길을 걸을 때 혹은 어두운 밤에 방안에서 공부할 때 등불의 빛에 의지할 수밖에 없었습니다. 하지만 등불이 꼭 조명기구로만 활용되었던 건 아닙니다. 전통 행사나 특별한 의례를 치를 때도 불의 힘을 빌렸습니다. 예부터 선조들은 불을 신성하게 여겼기 때문입니다. 어둠을 빛으로 밝히는 불에 소원을 담아 빌었던 것이죠.

　가장 대표적인 행사는 음력 정월대보름에 열리는 달맞이 축제입니다. 사람들은 이날 횃불이나 등불을 들고 산이나 들에 나가 밝은 달이 뜨기를 기다렸습니다. 달을 보며 소원을 빌었고, 등불을 들고 탑을 돌면서 풍년을 기

원했습니다. 또한 등불을 종이 열기구 형태로 만들어, 불을 피워 하늘로 띄워 보내는 풍등(風燈)도 만들었습니다. 여기 소원을 적어 풍등이 날아가는 것을 지켜보는 거였죠. 정월대보름의 풍속이 이어져 지금도 소원을 적어 등에 단 뒤 하늘로 띄우는 등불 축제를 곳곳에서 볼 수 있습니다.

등불은 전술적으로 이용되기도 했습니다. 조선 시대에 읍성이었던 진주성은 강을 건너지 않으면 침입해 들어오기 어려운 구조였습니다. 1592년 임진왜란 진주대첩 당시, 진주성의 군사들은 어두운 밤에 일본 군사들이 강을 건너오려 하자 남강에 유등(流燈)을 띄워 적의 침입을 막는 용도로 사용했습니다. 지원군을 요청하는 신호로 풍등을 이용하거나 등불로 성 밖에 있는 가족들에게 안부를 전하기도 했답니다. 진주대첩이 일어난 이듬해,

진주성은 결국 10만 왜군에 함락되었습니다. 이때 순국한 병사와 백성이 7만 명에 달한다고 해요. 그래서 진주에서는 2000년부터 지금까지 남강에 유등을 띄워 순국한 영혼을 기리는 '진주남강유등축제'를 이어 오고 있습니다.

반짝반짝 등불 만들기

우리가 깜깜한 밤에 예쁜 무드 등을 켜듯이 등불은 옛날 사람들에게 어둠을 밝히기 위해 꼭 필요한 존재였어요. 등불은 어둠 속을 환히 비추는 역할뿐 아니라 간절히 생각하고 원하는 소망을 부여하는 역할도 했답니다. 소원을 적어 등불에 달아 바람이나 물에 띄우는 축제는 우리나라만이 아니라 세계 어디에서나 쉽게 볼 수 있어요. 가끔 종이비행기에 소원을 적어 멀리멀리 날리는 그 마음처럼, 사람들은 누구나 내 소원이 바람을 타고 하늘에 가 닿기를 바라던 것 같아요.

생각해봐요

이루고 싶은 간절한 소원이 있나요?

마음을 담아 등불을 만들고, 우리 가족의 소원을 적어 불을 밝혀보면 어떨까요? 보름달이 뜨는 날에 맞춰 등불을 들고 밤 나들이를 나가봐요. 우리 가족의 소원이 가득 담긴 하나밖에 없는 소중한 등불이 될 거예요.

준비물

우유팩, 색종이, 한지, 가위, 풀, 채색 도구, 스마트폰

놀이 방법

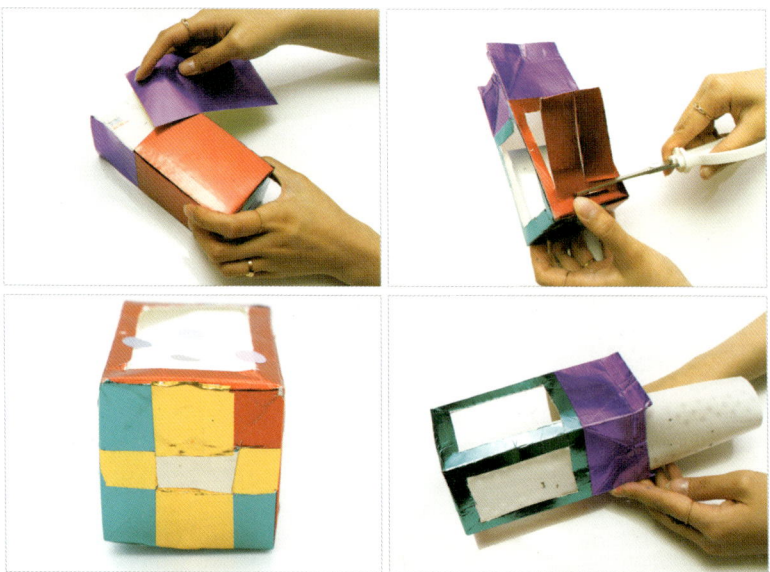

1 우유팩을 씻고 말려서 준비한 다음 사방을 색종이로 꾸민다.
2 옆면을 창문 모양으로 칼과 가위를 이용하여 오려낸다. (칼은 위험하므로 보호자가 해주세요.)
3 불빛이 들어갈 밑 부분도 오려낸다.

4 좋아하는 색깔의 한지를 오려서 등불의 안쪽 면에 붙인다.
5 기타 재료로 등불을 예쁘게 장식해 마무리한다.
6 주변을 어둡게 하여 아랫부분에 휴대폰 플래시를 켜고 나만의 등불을 감상한다.

TIP
- 아이와 장래 희망을 이야기한 뒤 나만의 꿈을 담은 등불을 만들어도 좋아요.
- 사이트 '전통문화포털(www.kculture.or.kr)'에서 전국에서 진행하는 전통문화 체험 행사 일정을 검색할 수 있습니다.

질문해봐요

Q. 등불에 어떤 소원을 담고 싶어?
Q. 우리 가족의 소원을 어떤 색의 종이로 표현하면 좋을까?

📖 **초등 교과 연계 가이드**
- 미술5~6 : 전통공예품 디자인하기
- 사회5~6 : 임진왜란 극복 과정 알기
- 즐거운 생활 : 여러가지 민속놀이

한국의 석탑

Q. 돌에 담긴 숭고한 뜻을 품고 서 있는 탑?

경주 불국사 대웅전 앞뜰에 나란히 서 있는 다보탑과 석가탑은 통일신라 경덕왕 10년에 세워졌습니다. 우리나라를 대표하는 석탑으로 국보 20호와 21호로 지정되어 있지요.

경주 불국사 대웅전 앞뜰 모습

여러 층으로 높고 뾰족하게 세운 탑은 건축물의 한 종류로 볼 수 있습니다. 물론 작품의 일종 또는 종교적인 의미를 담은 것도 있고, 군사적 혹은 단순히 기념비적 역할을 할 때도 있죠. 10원짜리 동전 뒷면이 무슨 그림인지 아시나요? 바로 불국사에 있는 다보탑입니다. 우리나라는 신라 시대부터 불교가 전해졌기에 유적지 곳곳에서 불교문화를 반영한 여러 형태의 탑을 만날 수 있습니다.

 참된 수행의 길을 걸어온 성직자나 수행자가 죽은 뒤 화장을 하면 구슬 모양의 물체가 남는다고 합니다. 이 물체를 '사리'라 하며, 석가모니 부처의 몸에서 나온 사리는 '진신사리'라 합니다. 우리나라의 탑은 이 사리를 같이 받들어 모시는 보관 용도였습니다. 마치 고대 인도의 무덤 '스투파Stupa'가 떠오르지 않나요? 맞아요, 불교가 동양의 다른 나라에 전해지면서 스투파는 '탑파'가 되었다가 우리나라에 건너오면서 '탑'이라 불리게 되었습니다.

 탑은 진신사리를 보관해두고 부처를 기릴 목적으로 만든 건축물입니다.

〈석가탑〉, 경주 불국사

ⓒcelline kim 픽사베이

불교가 세계로 퍼지면서 모든 탑에 진신사리를 모실 수 없게 되자 후대부터는 성자의 사리나 불경, 작은 불상 등의 유물을 대신 탑에 모셨습니다.

경주 불국사에 있는 다보탑과 석가탑도 마찬가지입니다. 1966년 불국사 보수작업 중 석가탑 안에서 세계 최초의 목판 인쇄물인《무구정광대다라니경》이 발굴되어 국보 제126-6호로 지정되었습니다. 다보탑은 안타깝게도 1925년 일제 강점기 때 일본에 의해 해체, 보수된 적이 있어 탑 안에 두었을 사리와 사리 장치, 다른 유물들의 존재 여부를 알 수 없게 되었습니다. 탑을 지키는 네 마리 돌사자 가운데 세 마리도 약탈당해 현재는 돌사자 한 마리만 다보탑 돌계단 위에 놓여 있습니다.

탑은 짓는 재료에 따라 나무로 지은 목탑, 돌로 지은 석탑, 벽돌을 쌓아 올린 전탑으로 나눌 수 있습니다. 우리나라의 경우 선조들이 벽돌을 많이

좌:〈미륵사지 석탑〉/ 우:〈감은사지 동·서 삼층 석탑〉

사용하지 않았던 터라 전탑은 찾아보기 힘듭니다. 목탑은 고려 시대에 몽골 침략으로 불타버린 경주 '황룡사 구층 목탑'이 대표적입니다. 전국적으로 화강암이 풍부했기 때문인지 우리나라는 석탑을 많이 지었습니다. 화재와 자연재해에도 강하기에 현재까지 보전된 곳들이 많죠.

  탑은 재료나 건축적인 구조 외에도 시대상이 반영되기 마련입니다. 크고 웅장하게 지은 익산 미륵사 터의 '미륵사지 석탑'은 백제 무왕의 왕권 강화의 의지를 보여줍니다. 경주와 백제의 양식이 섞인 경주 '감은사지 동·서 삼층 석탑'은 삼국통일의 염원을, 다양한 변화를 시도하며 세련되게 완성한 석가탑이라고 불리는 '불국사 삼층 석탑'은 삼국통일의 정착과 문화의 완성을 의미한답니다.

아이와 함께 ART PLAY

소망을 담아 탑 그리기

남산에 있는 서울타워도 일종의 탑이라 할 수 있어요. 현충원이나 독립기념관에도 위인들을 기리는 탑이 있고, 이집트의 피라미드도 탑의 한 종류로 볼 수 있어요. 프랑스 파리의 에펠탑, 이탈리아 토스카나의 피사의 사탑, 영국 런던의 빅벤도 있지요. 이렇듯 다양한 탑들은 모두 각자의 목적과 의미를 품고 그곳에 높이 지어진 것이랍니다.

생각해봐요

무엇을 위해, 누구를 위해 탑을 만들까요?

원하는 바람을 담아 또는 누군가를 기리기 위하여 탑을 만들어 보면 어떨까요? 탑 도안에서 골라서 만들어도 좋고 나만의 디자인으로 새로 만들어도 좋아요.

준비물

탑 도안1·2(379~381쪽), 채색 도구

놀이 방법

1. 탑 도안을 고르고 어떤 의미를 담을지 생각해본다.
2. 탑 도안을 색칠한다.

TIP

- 스티커나 다른 장식을 붙여 더 화려하게 꾸며도 좋아요.

질문해봐요

Q. 탑에 담고 싶은 마음은 뭐야? 특별히 기억하고 싶은 날이 있어?

Q. 친구들에게 이 탑의 목적을 뭐라고 설명할 수 있을까?

📖 초등 교과 연계 가이드

- 미술5~6 : 아름다운 건축물
- 사회5~6 : 우리나라의 문화유산

왕의 초상, 어진

어진의 역사

선조들은 삼국 시대부터 어진을 그렸습니다. 그러나 긴 세월 동안 전쟁, 화재 등의 이유로 없어졌고 지금은 신라의 경순왕과 고려의 공민왕 어진만 남아 있습니다. 그나마 있는 왕건의 어진은 고려 말 상상으로 그려졌다고 추측할 뿐입니다. 어진은 조선 시대가 되어서야 체계적으로 제작했고 '어진'이라는 용어로 통일되었습니다. 태조 이성계의 경우 26점의 어진을 남길 정도로 어진 제작에 관심이 많았습니다. 반대로 선조의 경우 임진왜란의 여파로 어진 제작을 거부하여 어진을 남기지 않았다고 합니다. 이렇게 왕의 성향에 따라 어진의 작품 수는 차이가 있지만 대부분의 조선 왕들은 재위 기간 동안 최소 1점 이상의 어진을 남겼습니다.

어진 제작 방법

조선에서는 어진을 위해 새로운 부서를 만들기도 했고, 왕실 계보를 편찬하던 종부시에서 제작하기도 했습니다. 어진 제작에 참여하는 화가는 그림 그리는 일을 담당하던 도화서의 화원들 중에서 선발했습니다. 이렇게 선발된 어진을 그리는 화원을 '어진화사'라 부릅니다. 임금의 모습을 그리는 것은 중요하기 때문에 당대 최고의 화원만이 어진화사가 되었습니다. 우리가 잘 알고 있는 김홍도와 강세황도 어진화사였습니다. 어진 제작 작업은 보통 6~7명의 화원이 참여했으나 많을 때는 13명까지도 참여했습니다.

"털 한 올이라도 다르게 그리면 그 사람을 그린 것이 아니다." 이것이 어진을 제작하는 기본 이념이었습니다.

태조(조선 제1대 왕)의 어진은 1954년 화재로 50% 정도가 소실되었으나 전주한옥마을 인근에 있는 경기전에 우수한 상태로 보관되어 있던 다른 어진을 통해 복원되었습니다.

다. 털 한 올, 주름 하나까지 표현하며 왕의 정신을 담았습니다. 한 사람의 주관만으로 그림을 그리면 왕의 정신이 잘못 그려질 수도 있다고 여겨 얼굴과 몸을 서로 다른 화가가 전담하여 그렸습니다. 왕의 얼굴을 전담하는 화원을 '주관화사', 얼굴을 제외한 다른 부분을 그리는 화원을 '동참화사', 간단한 부분만 그리거나 물감과 물을 나르는 등의 조수 역할을 하는 화원을 '수종화사'라 불렀습니다. 어진은 천 뒷면에 물감을 채색하여 앞쪽으로 색이 은은하게 비치는 '배채법'이라는 기법으로 제작되었습니다.

〈영조 어진〉, 복원본   〈순종 어진〉, 복원본

복원된 어진

    조선 시대 어진은 소실과 복원을 반복하다 임진왜란 때 대부분 소실되었습니다. 10여 점 정도 남은 어진은 한국전쟁 때 다시 부산 관재청으로 옮겼습니다. 1954년, 또다시 큰 화재로 세조, 숙종, 정조의 어진이 완전히 소실되었고 태조, 순조, 문조, 순종의 어진 또한 얼굴의 생김새를 알아볼 수 없을 만큼 훼손되었습니다. 물론 왕실에서 제작한 공식 어진 외에도 민간 가문에 전해오는 왕의 초상들이 있지만 신빙성을 입증하기 어렵습니다. 안타깝게도 현재 우리가 복원에 성공하여 생김새를 볼 수 있는 왕은 6명이 전부입니다.

수많은 전쟁으로 잃은 것도 모자라, 남은 것도 제대로 지키지 못한 것은 정말 슬픈 일입니다. 특히 정조 어진의 경우 최고의 화가인 김홍도와 강세황이 어진화사로 참여하여 어진 중 최고의 걸작으로 평가되었다고 하지만 우리는 흔적조차 볼 수 없습니다. 사진 기록조차 남겨두지 않고 귀중한 미술 유산을 잃어버리는 일이 없도록 많은 관심을 기울여야 합니다.

〈철종 어진〉, 복원본

영조(조선 제21대 왕)는 세자 시절 어진과 노년의 어진 2점이 전해집니다. 두 점 모두 화재에도 불구하고 크게 훼손되지 않아 복원이 수월했습니다. 복원본은 영조 노년기의 어진을 기준으로 작업했고, 원본 어진에서는 상반신만 그려졌는데 복원본은 전신상으로 그려졌습니다.

철종(조선 제25대 왕)의 어진은 전해지는 것 중 유일하게 군복을 입고 있어 의복 양식을 알 수 있는 높은 가치를 지닌 어진입니다. 1954년 화재 때 입 부분이 훼손되었으나 현대 복원 기술을 통하여 무사히 복원되었습니다.

순종(조선 제27대 왕)의 어진은 1954년 화재 때 완전 소실되었지만 외국 선교사가 찍어둔 실물 사진을 바탕으로 현대 디지털 복원 기술을 통해 복원되었습니다.

부록 – 도안

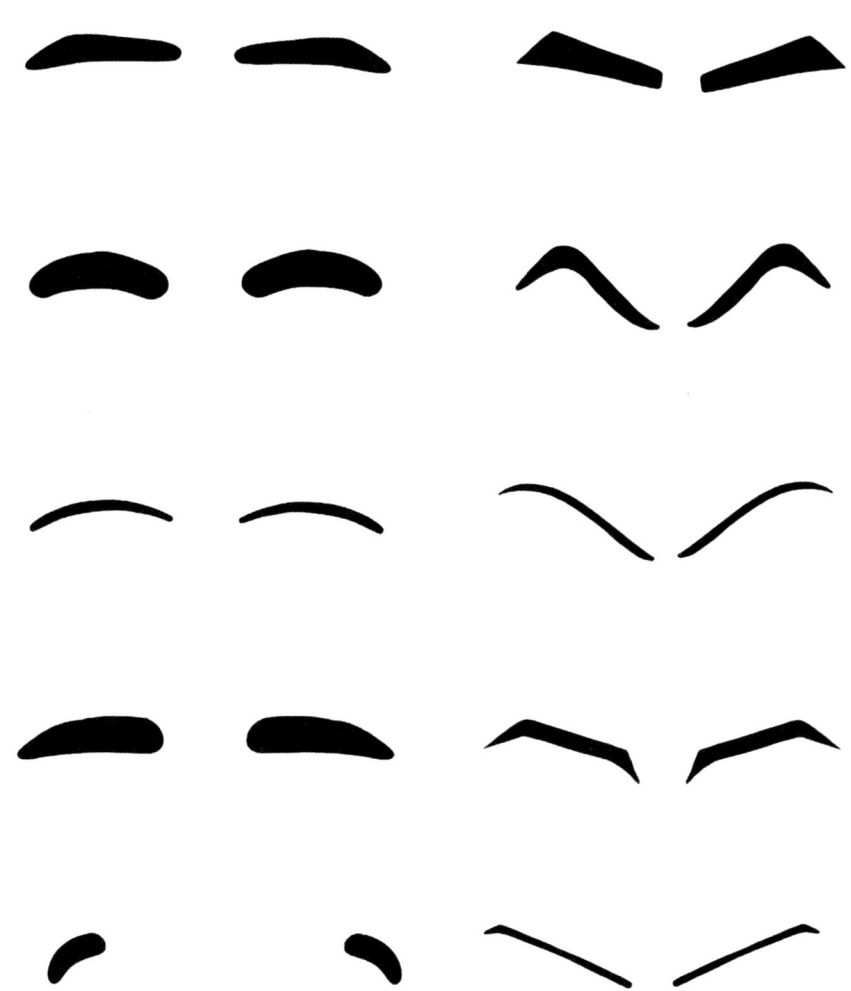

323

제목 :	년 월 일

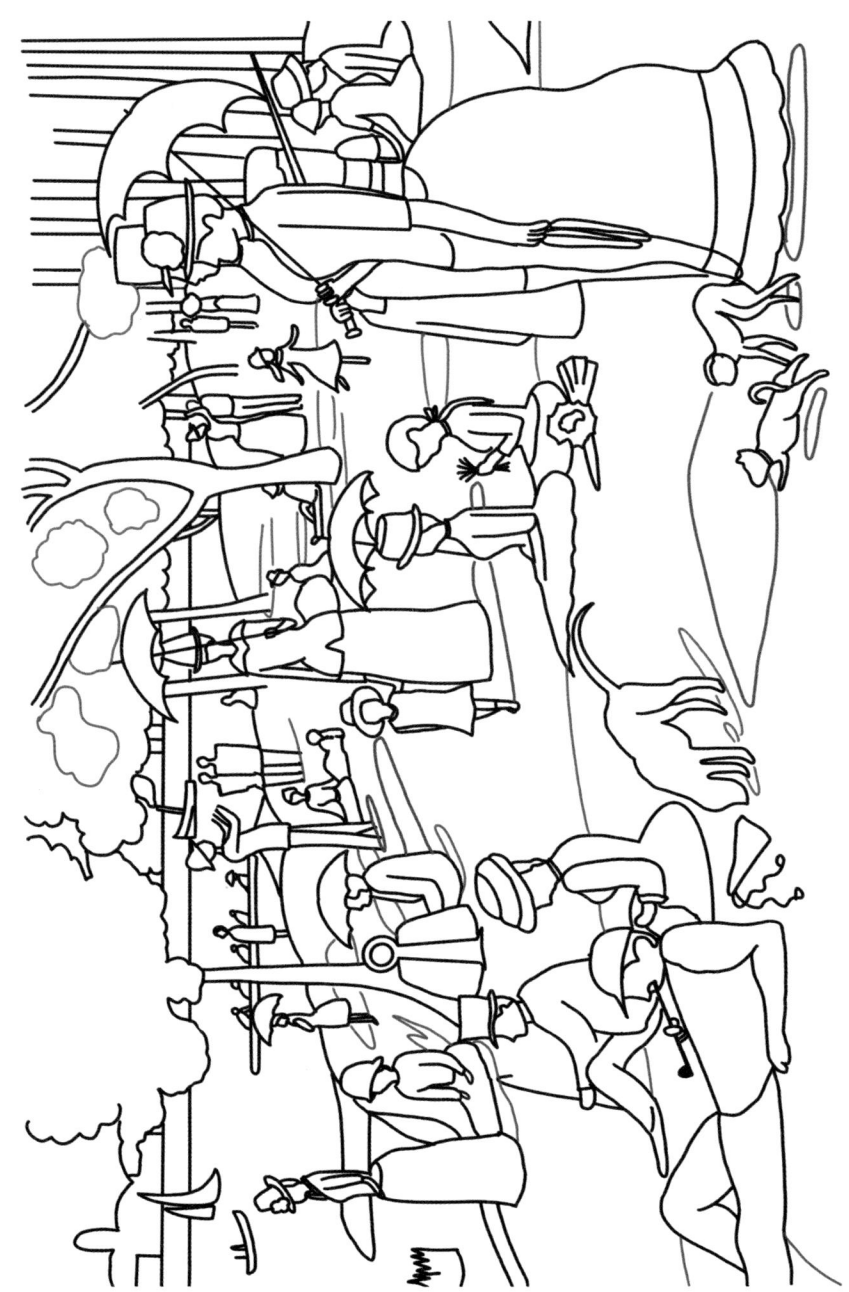

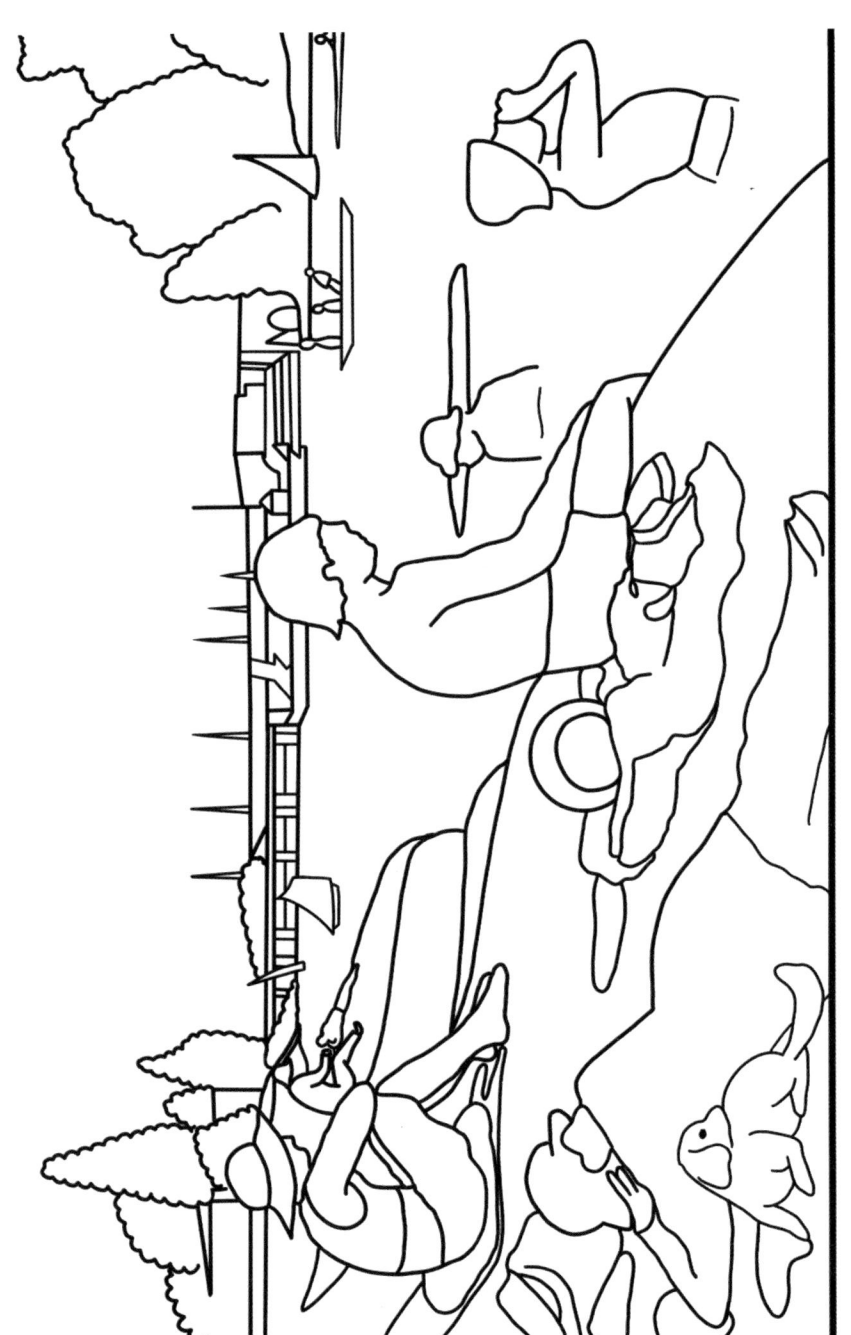

자유의 여신 사람 도안

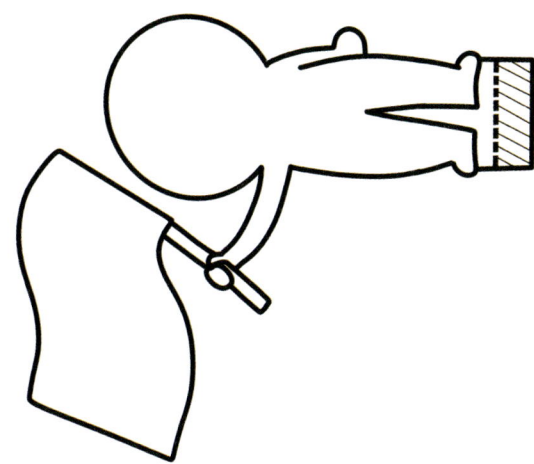

롤크 사람 도안

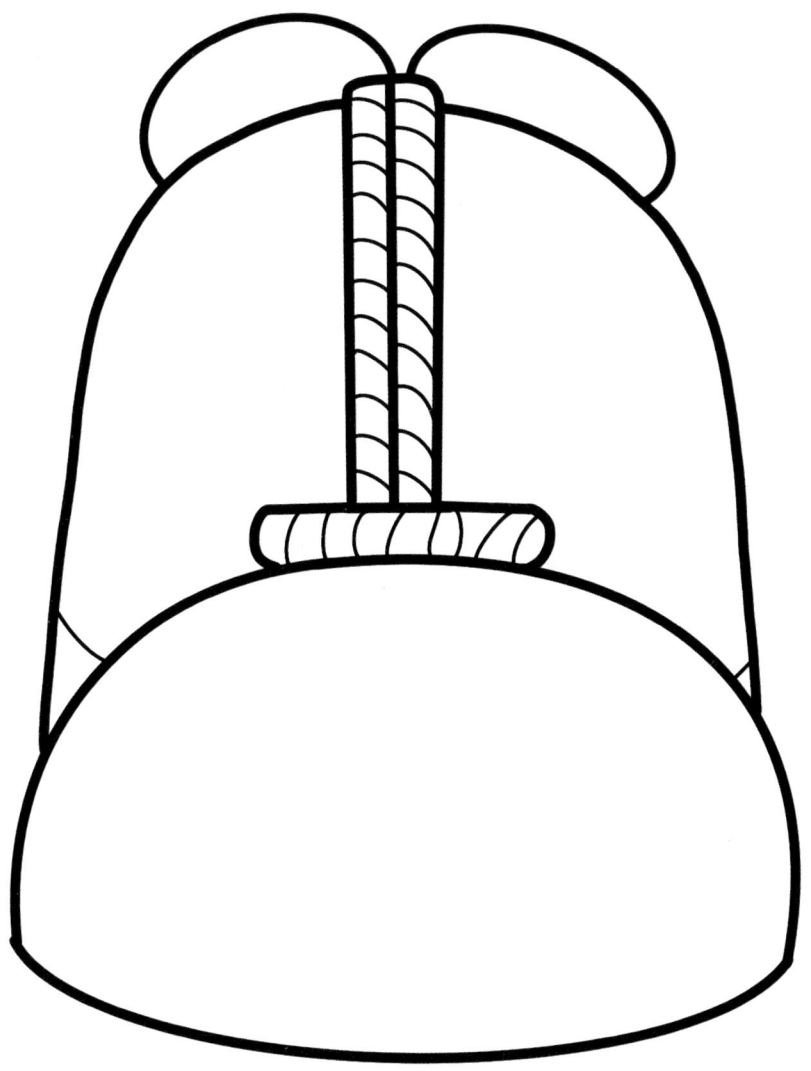

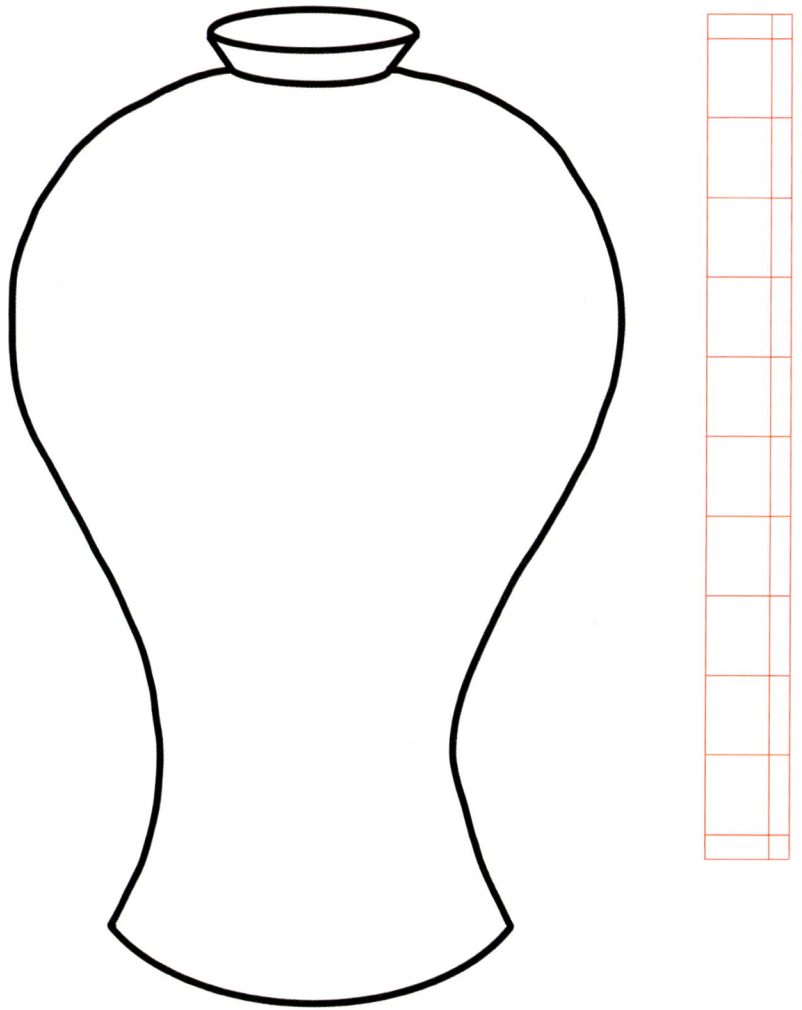

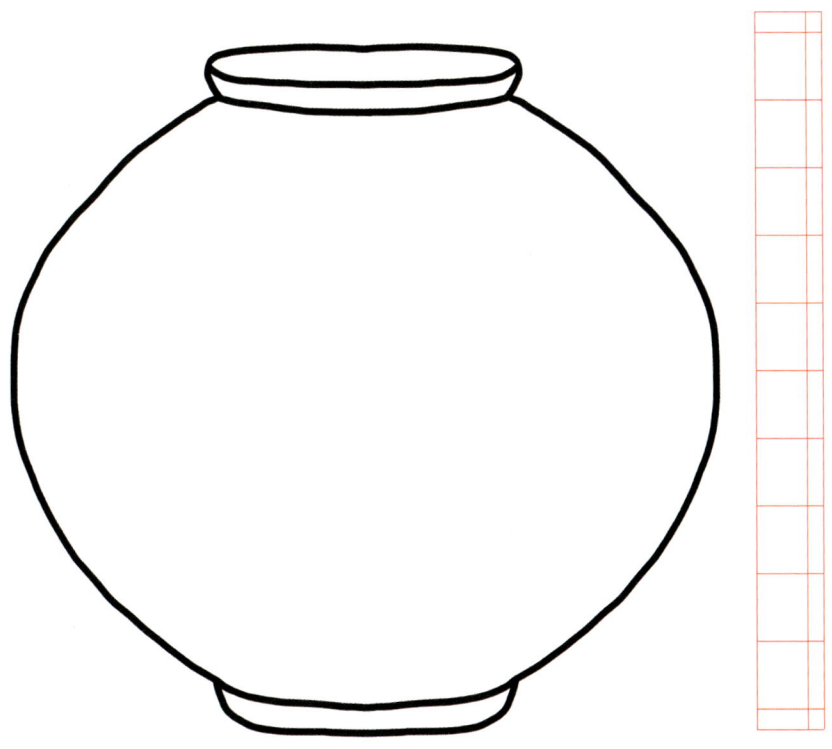